Grandes Misterios
del
PASADO

Grandes Misterios
del
PASADO

Claves para descifrar los enigmas

de las

antiguas civilizaciones

TOMÁS MARTÍNEZ RODRÍGUEZ

nowtilus

Colección: Investigación abierta
www.nowtilus.com

Título: Grandes misterios del pasado
Subtítulo: Claves para descifrar los enigmas de las antiguas civilizaciones
Autor: © Tomás Martínez Rodríguez

© 2006 Ediciones Nowtilus S. L.
Doña Juana I de Castilla 44, 3º C, 28027 - Madrid
www.nowtilus.com

Editor: Santos Rodríguez
Coordinador editorial: José Luis Torres Vitolas

Diseño y realización de cubiertas: Rodil&Herraiz
Diseño y realización de interiores: JLTV

ISBN 13: 978-849763343-7
Fecha de publicación: Enero 2007

Printed in Spain
Imprime: Gráficas Marte, S.A.
Depósito legal: M-49900-2006

*A mi Madrina por mostrarme la
senda secreta de las estrellas.*

ÍNDICE

Oh, Solón, todos vosotros tenéis una mente joven
que no conserva las viejas creencias basadas
en una larga tradición. La razón es ésta. Se han producido,
y se producirán en el futuro, muchas
y diversas destrucciones del género humano…

Platón, Timeo.

Introducción

LA INCÓGNITA DE LA EVOLUCIÓN HUMANA

En las últimas décadas, la arqueología —en colaboración con otras ciencias como la geología, la genética, la paleoantropología, la astronomía o la física— ha demostrado que el actual paradigma de nuestro pasado es incorrecto. Esta instantánea del ayer ha sido ampliamente aceptada por la sociedad de nuestro tiempo sin tan siquiera cuestionarse los numerosos vacíos que aún cabe resolver.

Conforme a estos criterios oficiales, se piensa que a finales del primer periodo de la Glaciación Würmiense (Würm I), hace unos 40 milenios, aparece el hombre moderno[1].

---

[1] El *Homo sapiens sapiens* del contexto glacial recibe también el nombre de hombre de *Cro-Magnon* por los restos descubiertos en el yacimiento francés de Les Eyzies de Tayac. Aunque el hombre de Cro-Magnon está muy bien representado en el continente europeo por numerosos yacimientos, se afirma que su procedencia es oriental, lo que no le impide llegar a Europa y a todos los continentes, salvo el Antártico. Numerosos testimonios fósiles en todo el planeta atestiguan esta expansión del hombre moderno hasta finales de la Era Glacial. Como tendremos oportunidad de comprobar, los nuevos descubrimientos paleontológicos nos demuestran que en realidad los primeros humanos modernos son de hace poco más de 100.000 años.

Los cazadores recolectores asiáticos cruzan el Estrecho de Bering hace unos 12.000 años camino a un continente —el americano— supuestamente despoblado. Después, germinarán las sociedades preludio de las primeras civilizaciones de Oriente Próximo.

Estos últimos treinta años de exhaustiva investigación han convulsionado nuestro actual esquema de la prehistoria. Aunque muchos no lo quieran admitir, los nuevos indicios nos confirman que estamos ante una nueva revolución científica en el campo de la historia. Gracias al progreso tecnológico ha habido una apreciable mejora en las técnicas de datación mediante el carbono y otros procedimientos[2] por lo que ahora sabemos —por ejemplo— que las estructuras megalíticas europeas son mucho más antiguas que las ciudades sumerias o egipcias. Ya no es válido presuponer la evolución hacia la civilización mediante un cambio progresivo normal; incluso la concepción evolutiva de nuestra especie ha sido hasta ahora una burda ilusión.

Tres años después de que Darwin revolucionara el paradigma evolutivo del hombre con su libro *Origin of Species*

---

[2] Para reconstruir el pasado es indispensable disponer de una escala de tiempo lo más precisa posible, por ello resulta crucial la aplicación de métodos de datación fiables. Actualmente se conocen, al menos, media docena de métodos de datación muy efectivos para fechar eventos desde los 1000 años hasta muchos miles de años, aunque con algunos vacíos importantes; y como la atención de los investigadores se centra, fundamentalmente, en los últimos diez millones de años, es en ese contexto donde se encuentran gran parte de esos vacíos tan frustrantes para los paleoantropólogos. Por ello, ante este problema sólo caben dos vías metodológicas: las directas y las indirectas. Las primeras permiten aplicar las técnicas de datación a los objetos mismos, lo que no está exento de problemas. Las segundas constituyen el procedimiento metodológico más empleado. En este caso la medición temporal de los artefactos o fósiles encontrados se hace datando los elementos que se hallan asociados con éstos. Es muy común echar

(1859), otro científico, Thomas Henry Huxley, asombró a la opinión pública del siglo XIX con su obra *Evidences as to Man`s Place in Nature*. En ella, Huxley ratificaba la idea esgrimida por su colega Darwin de que nuestros orígenes tenían más que ver con lo natural que con lo sobrenatural.

Durante siglos se había aceptado el dogma equivocado de que el génesis de nuestra especie estaba escrito en la *Biblia*, por lo que un análisis pormenorizado de los textos sagrados podía darnos las claves de la aparición —por gracia divina— del hombre sobre la faz de la Tierra. Según esta visión creacionista, el hombre, tal y como lo conocemos hoy en día, surgió de la mano de Dios en torno al 4004 a.C.

Obviamente, el sector eclesiástico se escandalizó con las nuevas ideas esgrimidas por Darwin y sus paladines evolucionistas. Incluso cuando las teorías sobrenaturales fueron perdiendo terreno, los avezados abogados creacionistas consiguieron que en la enseñanza general se siguiera instruyendo a las masas en estas falsas ideas durante muchos años.

Conforme a los nuevos criterios deductivos de la ciencia, los humanos presentaban una relación evolutiva muy estrecha con los grandes monos, por lo que su génesis se remontaba más lejos —cronológicamente hablando— que la fecha señalada por el dogma religioso.

---

mano de la técnica de la "correlación faunística". Por medio de esta técnica se atribuye la antigüedad de los fósiles y artefactos de interés paleoantropológico a través de la información brindada por los fósiles no humanos hallados en el mismo nivel estratigráfico y por lo tanto asociados a los restos que deben de ser datados. También existen métodos de datación radiométricos estrechamente relacionados con la desintegración radiactiva y, el método paleomagnético basado en el hecho constatable de la inversión del eje magnético del planeta. No obstante, las conclusiones de esta técnica no son absolutas sino relativas, por lo que precisa de la colaboración de otras técnicas.

La aportación de Huxley a la concepción evolucionista consistió en la metodología empleada en sus estudios. Estos se basaban en métodos de comparación embrionaria, fósil y anatómica entre simios y humanos. Como era de esperar la conclusión de Huxley fue —en palabras de Roger Lewin— "un elemento clave para la mayor revolución de la historia de la filosofía occidental: los humanos pasaron a ser considerados como formando parte de la naturaleza y ya no aparte de esta".

Desde una perspectiva histórica, el debate sobre el origen del hombre ha sufrido importantes modificaciones. Desde la época de Darwin, Huxley y Haeckel hasta poco después de la entrada en el siglo XX, se estimó que los parientes más cercanos a nosotros eran los grandes simios africanos, tales como el chimpancé y el gorila, mientras que el orangután (el gran simio asiático) no se consideró tan cercano a nuestra especie. Desde los años veinte a los sesenta los humanos fueron distanciados por los grandes simios, que fueron considerados como pertenecientes a un grupo evolutivo singular. Desde los años sesenta, sin embargo, el punto de vista convencional retornó a la perspectiva darwiniana[3].

Paralelamente, los estudiosos trataban de localizar la "cuna de la humanidad". Darwin creyó ver en África el escenario del génesis de la especie; y aunque durante las primeras décadas del siglo XX Asia ganó cierta popularidad, el paso del tiempo demostró que la opinión de Darwin era la acertada[4].

---

[3] Lewin, Roger. *Evolución Humana*. Biblioteca Científica Salvat. Barcelona, 1984.

[4] A principios del siglo XX se perpetró una de las más grandes patrañas paleoantropológicas de la historia: el cráneo de *Piltdown*. Esta quimera (mezcla de cráneo humano moderno y mandíbula de orangután) fue la "prueba fósil" que pretendía demostrar que los orígenes de nuestra especie estaban en las elevadas mesetas de Asia Central y no en el continente africano.

Precisamente en la década de los sesenta, con el descubrimiento del espécimen fósil del *Ramapithecus*, pareció confirmarse la visión evolutiva paralela que trataba de explicar las semejanzas entre los simios africanos y el hombre. Este simio vivió hace quince millones de años en Eurasia y llamó la atención de la comunidad paleoantropológica por sus especiales características anatómicas, muy similares, a grandes rasgos, a las de los homínidos. Sin embargo, las posteriores evidencias brindadas por los fósiles y la biología molecular demuestran que el *Ramapithecus* no es el primer homínido, sino más bien un mono, lo que confirma la idea de que el origen de la línea evolutiva humana es relativamente reciente[5].

La historia evolutiva de cualquier especie se camufla en sus genes. La antropología molecular está demostrando su eficaz contribución en la reconstrucción de los árboles genealógicos (filogenias) relacionados con el enigmático origen del hombre.

En primer lugar proporcionándonos una visión coherente de la forma del árbol hominoide[6]. Y, en segundo término, dándonos una perspectiva temporal mucho más precisa de los momentos en que los distintos linajes se han separado unos de otros, lo que en el mundillo paleoantropológico se conoce como reloj molecular. De este modo, antes de que la ciencia nos brindara las pruebas moleculares a las que estamos haciendo referencia, se pensaba que los homíni-

---

[5] Entre 5 y 10 millones de años.

[6] Los primates modernos se dividen en cuatro grupos: los monos del Nuevo Mundo, que incluyen especies tan dispares como los titís, los monos aulladores o los monos araña; los monos del Viejo Mundo que incluyen especies como los babuinos, los colobos y los macacos; los estrepsirrinos que abarcan especies como los lorísidos, los galagos o los lemúridos; y, para terminar, los hominoides, en los que encontramos a los simios antropomorfos y a los seres humanos.

dos se alejaron de los antropomorfos africanos y asiáticos hace unos 15 millones de años, conforme a la posición que entonces tenía el *Ramapithecus* en el árbol genealógico como hipotético homínido primitivo. Sin embargo, con los datos moleculares en nuestro poder, podemos concluir que los antropomorfos asiáticos y africanos difieren entre sí y a su vez se separaron de los homínidos probablemente hace tan solo unos cinco millones de años, por lo que el *Ramapithecus* no es un homínido, sino un prosimio.

Los investigadores Juan Luis Arsuaga e Ignacio Martínez —los científicos españoles contemporáneos más famosos de los últimos tiempos gracias a sus descubrimientos paleontológicos en Atapuerca— aseguran en su libro *La especie elegida* que el primer fósil que podría ser considerado nuestro antecesor corresponde a una especie de mamífero arborícola con aspecto de ardilla que vivió hace sesenta y cinco millones de años. Al parecer aquellos mamíferos eran herbívoros perfectamente adaptados para la vida en los árboles. Sin embargo, en un momento determinado decidieron aventurarse en otro medio más peligroso pero muy productivo en su búsqueda de alimento: el suelo, lo que sin duda favoreció su posterior transformación en simios.

Estos ancestrales seres se asignan al grupo de los *plesiadapiformes* y son los únicos primates fósiles de la primera época del Terciario, el Paleoceno (entre 65 y 55 millones de años), en el cual se diversificaron en varias líneas evolutivas. "Ha habido y sigue habiendo polémica —comentan los autores de *La especie elegida*— acerca de si los *plesiadapiformes* deben considerarse o no auténticos primates. Aquellas primitivas ardillas están evolutivamente más próximas al conjunto de los primates vivientes, quienes a su vez forman un grupo natural con un antepasado común exclusivo; por lo que algunos autores proponen que los primates se dividan en dos grandes categorías: los *plesiadapiformes* o primates arcaicos y los demás primates o *euprimates*" (50-51)[7].

Aquellas audaces criaturas evolucionaron, hace unos treinta y cinco millones de años, —hasta su transformación en pequeños simios— en el norte de África; un continente que por entonces estaba aislado con respecto a otros ecosistemas continentales. El siguiente paso evolutivo nos lleva al Proconsul, el primer hominoideo[8] conocido, cuyos restos fueron descubiertos al este del continente africano en 1948 por Mary Leaky que estableció en unos veinticinco millones de años la aparición de este ser sobre la faz de la Tierra. Después vendrán los anteriormente citados *Ramapithecus*, que junto a otros prosimios como el *Sivapithecus* y el *Oreopithecus banbolii*[9] lo tenían todo a su favor —dadas sus características para adaptarse al medio— para triunfar y evolucionar paulatinamente hacia el ser humano, pero inexplicablemente no fue así. Es en este punto del camino donde la incógnita de la evolución humana adquiere mayor relevancia; pues, pese a que el *Ramapithecus* y los arriba citados prosimios "no parecen formar parte de la delgada y casi imperceptible línea evolutiva que conduce al primer 'hombre', que probablemente salió del agujero negro en el que se adentró hace unos catorce millones de años, el *Proconsul*; fueron uno o varios ancestros comunes

---

7 ARSUAGA, Juan Luis; MARTÍNEZ, Ignacio. *La especie elegida*. Ediciones Temas de Hoy. Barcelona, 2000.

8 Grupo al que pertenecemos junto con los antropomorfos.

9 También denominado Sandrone era un antropoide que apenas sobrepasaba 1,10 metros de estatura y pesaba algo más de 30 kilos. Muy probablemente un entorno geográfico ventajoso, en el que apenas había depredadores que le amenazasen, propició que éste ser bajase de los árboles transformándose en uno de los primeros antropoides en adoptar la locomoción bípeda.

—que entraron en ese ignoto túnel— los que se convirtieron en el eslabón perdido de la humanidad"(30)[10]. En consecuencia ignoramos los mecanismos que se dieron cita en el interior de aquel oscuro corredor contribuyendo a la definitiva bifurcación del linaje humano con respecto al del resto de los primates. Sea como fuere todavía no ha aparecido resto fósil alguno de la criatura o criaturas que clarifique la definitiva separación de linajes[11].

Sabemos que en el proceso evolutivo llegamos a los que pasan por ser —hoy por hoy— los antepasados del ser humano: los Australopithecus[12], que darán paso más tarde a los *Homo habilis* (de 2,5 a 1,6 millones de años) y que muy probablemente gozaron de la particularidad del lenguaje, pues se sabe que estaban dotados de laringe, lo que les facultaba para el habla. Finalmente, el *Homo habilis* derivó en el *Homo erectus* (de 1,9 millones a 400.000 años). Como su predecesor podía transmitir información oral y su inteligencia dio lugar a una tecnología lítica muy útil. También cons-

---

[10] CARDEÑOSA, Bruno. *El código secreto*. Grijalbo, 2001.

[11] Se han hallado fósiles de homínidos como el *Orroris tugenensis* (Kenia) con unos 6 millones de antigüedad, que están lejos de ser uno de los numerosos eslabones que debieron surgir en el camino evolutivo del ser humano moderno.

[12] El primer sujeto de esta especie fue descubierto por la mujer del famoso paleoantropólogo Richard Leakey, la señora Meave Leakey, quien decidió fechar estos fósiles dentro del contexto temporal desde 4,17 a 4,07 millones de años. Lo más interesante de este espécimen (que derivó en Australopithecus afarensis, la famosa Lucy y otras tipologías) al que se bautizó con el nombre de Australopithecus anamensis, es su procedencia. Al parecer derivó de otra criatura, el Ardipithecus ramidus, un bípedo que apenas alcanzaba el metro de estatura. Lo sorprendente es que entre ambos especímenes se produjeron transcendentales cambios en su anatomía en tan sólo 200.000 años. Una franja de tiempo excesivamente corta para este tipo de alteraciones. Otro hecho desconcertante lo encontramos en el descubrimiento de media docena de fósiles pertenecientes a una especie muy

truyó las que pasan por ser las primeras viviendas y los primeros ingenios capaces de navegar, que aunque primitivos (estoy hablando de balsas) permitían desplazamientos marítimos de cabotaje prolongados. Esta especie fue muy viajera, razón por la que encontramos su presencia fósil en ámbitos continentales tan dispares como el asiático, el africano o el europeo. Y es en este último contexto geográfico donde se dan cita dos de los acontecimientos paleoantropológicos más apasionantes de los últimos tiempos: el descubrimiento del hombre de Orce en España y los cráneos fósiles de Dmanisi en Georgia. El primero de los hallazgos se lo debemos al investigador catalán Josep Gibert que tras años de litigios contra otros colegas ha podido al fin demostrar que el fragmento óseo descubierto en el yacimiento arqueológico de Venta Micena (Granada) es humano. Este fue localizado en un estrato geológico que lo sitúa en una antigüedad de 1,6 millones de años. Ahora bien, este hallazgo ha desencadenado la polémica. Se supone que en ese contexto temporal ningún predecesor nuestro había traspasado las fronteras naturales del continente africano y sin embargo encontramos restos, probablemente de un *Homo erectus*, en el yacimiento

---

similar al Ardipithecus ramidus. Para aquéllos que no lo sepan este predecesor del Anamensis era un ser del que se desconoce su ascendencia directa. Lo más interesante de los fósiles encontrados a los que nos estamos refiriendo es que son individuos, incomprensiblemente, más evolucionados que nuestros ancestros más recientes, sobre todo en un aspecto: su locomoción, mucho más perfeccionada. Sin embargo, y he aquí lo verdaderamente sorprendente, estos sensacionales seres son de hace 6 millones de años. Son más antiguos que el Ardipithecus, cuya locomoción, comparativamente hablando, es más "primitiva". ¿Cómo se explica esto? Finalmente quiero advertir al lector de que no todo el mundo acepta que el linaje humano proceda del Australopithecus. Para Richard Leakey el linaje de la humanidad surgió de otra especie todavía no descubierta por la paleoantropología.

andaluz. Por su parte, los tres cráneos de Dmanisi apoyan la idea esbozada desde 1982 por Gibert de que los homínidos salieron de África mucho tiempo antes de lo que se cree. Así lo atestiguan los dos primeros cráneos encontrados en mayo del 2000 y que han adelantado en un millón de años la primera salida de homínidos de África. El tercer vestigio craneal cuestiona la idea imperante entre los paleontólogos de que el aumento del tamaño del cerebro estuvo detrás de aquella migración. El nuevo fósil, que se encuentra en perfecto estado de conservación, corresponde a un sujeto de pequeño cerebro que vivió en Georgia hace 1,7 millones de años y sus descubridores —el equipo comandado por el paleoantropólogo Leo Gabunia— lo identifican con el género *Homo erectus*. Por tanto, los fósiles georgianos atañen a *Homos* que vivieron en Georgia ¡1,7 millones de años atrás!

Estos descubrimientos cuestionan la perspectiva brindada en el yacimiento burgalés de Atapuerca, por la que se afirma que el primer europeo se asentó en estos lares hace unos 800.000 años. Es en este peculiar escenario geográfico donde aparecen los restos del *Homo antecessor*[13], que, originario del *Homo erectus*, sigue siendo para muchos expertos objeto de controversia al no ser considerado por todos como un espécimen singular. En efecto, son muchos los que apuestan por un género avanzado del Homo erectus. Sea como fuere y a grandes rasgos este derivó en *Homo sapiens* y *Neanderthal*[14].

En contra de lo que se pensaba hasta hace poco, el hombre de *Neanderthal* no ha sido nunca nuestro antepasado. Los datos genéticos no dejan el menor atisbo de duda.

---

[13] De un millón de años a medio millón, con una capacidad craneal comprendida entre los mil y los mil doscientos cc.
[14] Antigüedad de 230.000 a 27.000 años.

El estudio del ADN mitocondrial[15] ha aportado una respuesta definitiva sobre nuestra vinculación con los *Neanderthales* y nuestro verdadero génesis genético. Como era de esperar, la sorpresa ha sido mayúscula al comprobarse que el hombre de *Neanderthal* se diferenció genéticamente de los modernos humanos hace algo más de medio millón de años, por lo que el hombre actual no desciende, como se creía, de aquéllos.

Hace unos 300.000 años, la población humana sufrió una baja demográfica considerable lo que contribuyó a que una hembra del mismo contexto temporal se convirtiera en la semilla originaria de la que procedemos todos. La paleoantropología ha demostrado además que el hombre moderno convivió con los *Neanderthales* hace la friolera de 90.000 años, muy por encima de las expectativas consideradas hasta ahora.

El mito científico que consideraba a los *Neanderthales* como gente inferior al hombre moderno se derrumba estrepitosamente. Los datos aportados por la paleontología nos dibujan un hombre de *Neanderthal* con una capacidad cerebral superior incluso a la del *Homo sapiens*[16]. Su aspecto

---

[15] En 1987, científicos de la Universidad de Berkeley (EEUU) publicaron un polémico informe que ya forma parte de la historia de la ciencia. En él, sus autores demostraron que los actuales habitantes del planeta —en su totalidad— descienden de una sola mujer que habitó el África subsahariana hace unos 200.000 años. A esta madre de la humanidad se la bautizó con el nombre de "Eva negra". El ADN mitocondrial (ADNm) está formado por material genético mitocondrial cuya estela puede rastrearse a través de la línea hereditaria femenina. Ese material genético adicional son las mitocondrias del esperma. Durante la fertilización, éstas no se adhieren al óvulo fertilizado, por lo que sus genes se transfieren a la descendencia por medio de la madre. Cada mujer del siglo XIX contiene un registro codificado de su historia evolutiva desde el presente al más remoto pasado, hasta llegar al mismísimo amanecer de nuestra especie.

físico, sin embargo, no deferiría del nuestro en el caso de que acicaláramos y vistiésemos a un *Neardenthal* con nuestras ropas del siglo XXI. En el aspecto emocional nos han dejado testimonios de su humanidad. Enterraban a sus muertos conforme a los parámetros de una compleja liturgia ritual y sus testimonios artísticos denotan una calidad y sensibilidad que no nos resultan extrañas. Este homínido tuvo tiempo suficiente, durante su larga estancia en el planeta —algo más de un cuarto de millón de años— para desarrollar su propia tecnología y cultura científica antes de extinguirse definitivamente hace unos 25.000 años atrás. Por razones que se ignoran desapareció sin dejar rastro, aunque tal vez estemos equivocados… ¿Han oído hablar del temible hombre de las nieves? Somos muchos los que pensamos en él como un *Neanderthal* reservado y sigiloso que se esconde en los bosques y montañas de zonas tan dispares del planeta como China, América o África, por citar solo algunas[17]. Un ser que por alguna oculta razón entendió —hace miles de años— que la mejor garantía de supervivencia estaba en su capacidad de ocultarse ante los ojos del hombre.

En este viaje hacia el ser humano —lleno de lagunas, por cierto— nos tropezamos constantemente con molestos interrogantes que no dejan de atormentar a la comunidad científica. Como hemos podido comprobar, durante el proceso evolutivo se suceden mutaciones de gran complejidad en cortos intervalos de tiempo.

---

[16] Con una capacidad craneal de 1500 cc, frente a los 1350 cc del *Homo sapiens*.

[17] En Europa y en concreto en los Pirineos también encontramos tradiciones orales que nos hablan de su hipotética existencia, se les conoce con el nombre de baxajaun, mientras que en África recibe el nombre de anamit y en América el de *bigfoot* (pies grandes, en castellano).

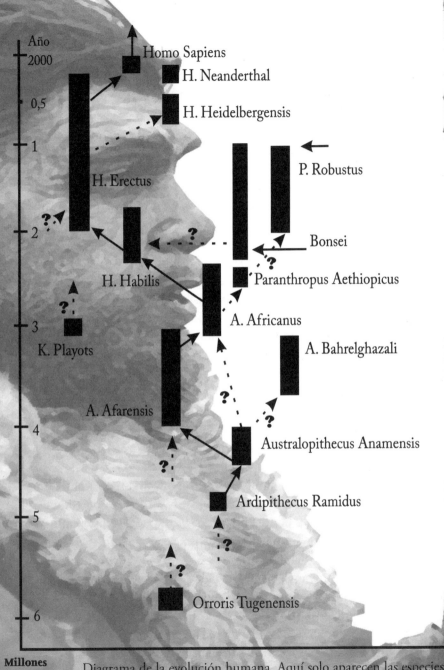

Diagrama de la evolución humana. Aquí solo aparecen las especies más representativas. Las flechas discontinuas presentan relaciones todavía por confirmar y los signos de interrogación, instantes del proceso evolutivo de los que no se sabe nada.

A finales del cretácico, hace unos 65 millones de años, un tercio de las especies del planeta se extinguieron junto con los reyes hegemónicos —por entonces— de la evolución: los dinosaurios. Pues bien, a pesar de que su reinado duró 150 millones de años, mucho más tiempo que el invertido por el hombre en su peculiar viaje evolutivo —unos seis millones de años— no fue, al parecer, suficiente para desarrollar un ente con las capacidades y rasgos propios que definen una especie tan desarrollada como la nuestra: un ser inteligente capaz de comprender su entorno e incluso manipularlo a su antojo.

No es correcto pretender que esto se debió a un fracaso evolutivo: una especie que subsiste ciento cincuenta millones de años puede considerarse sólidamente adaptada al medio, por lo que lo lógico hubiera sido que tal evolución se hubiese manifestado a través de alguna tipología de saurio avanzado, sobre todo aquéllos que ya habían desarrollado la posición y locomoción bípedas.

Juan Luis Arsuaga, director de las excavaciones de Atapuerca, se pregunta si son suficientes 200.000 años para que se produzcan los importantes cambios anatómicos y ecológicos que van desde el ramidus al anamensis. Experimentamos la misma sorpresa al observar el incremento intelectivo del *Homo erectus* con respecto a su predecesor, el *Homo habilis*. Del mismo modo, hace unos 200.000 años, el *Homo erectus* dio paso al *Homo sapiens* con un incremento craneal del 50%. ¿Cómo es posible —se pregunta Alan F. Alford— que esto sucediera de forma tan repentina después de 1,2 millones de años durante los cuales no se había registrado ningún progreso?[18] El controvertido autor de *Gods of the New Millennium* explica este sorprendente cambio de dos maneras: o el *erectus* desciende de una especie todavía por descubrir o, en su defecto, tuvo que haber algún tipo de intervención que dio origen al hombre moderno.

Francamente, cuesta creer que mecanismos de adaptación de esta naturaleza surjan con esta resolución y espontaneidad, por lo que en las últimas décadas ha florecido una corriente de pensamiento que apuesta por una visión del pasado mucho más abierta y polémica. Del mismo modo que nuestra especie ha evolucionado con una celeridad pasmosa, el viaje a la civilización no deja de resultar igual de sorprendente. Todo cambio necesita tiempo y por eso resulta inaudita la espontaneidad con la que, hace unos 10.000 años, emergen las primeras sociedades organizadas.

La bíblica ciudad de Jericó ha estado ocupada ininterrumpidamente durante 11.000 años. Los datos arqueológicos nos dicen que el asentamiento original se erigió en torno al nacimiento de una fuente y de repente, hace unos 10.000 años, se convirtió en una gran ciudad en la que presumiblemente convivieron más de dos mil almas. Súbitamente, aparece un vestigio de civilización en el que sus habitantes pasan a practicar nuevos tipos de dieta, a domesticar a los animales, a ejercitar un activo comercio y a desarrollar una próspera agricultura. Esta evidencia contradice la hasta no hace mucho aceptada postura oficial según la cual las más antiguas ciudades del mundo surgen en Mesopotamia hace 5.000 años. Algo parecido pasó en su momento con la enigmática cultura megalítica. Hasta hace relativamente pocas décadas los libros de texto escolares contemplaban dicha cultura como un avance que tenía su origen en la influencia de Asia, Oriente Medio y Próximo. En resumidas cuentas, se consideraba que el continente europeo poseía una cultura

---

[18] ALFORD, F. Alan. *Los dioses del nuevo milenio*. Martínez Roca, 1997.

muy posterior con respecto a la de estas zonas de influencia. Con la aparición —en los años cincuenta— de las nuevas técnicas de datación cronológica todo acabaría cambiando ofreciéndonos un panorama muy distinto. Una vez más, de una forma "repentina", los primeros complejos megalíticos europeos surgen por doquier hace la friolera de 5.000 años sin que por ahora sepamos el auténtico sentido y motivación de una de las manifestaciones arqueológicas más misteriosas de la humanidad.

Lo que sí hemos descubierto es que muchos yacimientos megalíticos solapan informaciones astronómicas de enorme complejidad que denotan un conocimiento científico asombroso. Estos hechos unidos a otras pistas de diferente índole —como por ejemplo el caso de los denominados "Objetos fuera de su tiempo"— nos conducen por un sendero lleno de sombras cuando tratamos de dilucidar el rastro evolutivo de esta sabiduría técnica y científica en un pasado remoto, mucho antes de que estas manifestaciones culturales se concretaran en evidencias arqueológicas.

Tengo que prevenir al lector que algunos de estos artefactos "fuera de su tiempo" —descritos en inglés con el acrónimo *Oopart* (*Out of Place Artifact*)— probablemente sean falsos; de hecho, algunos de ellos como las populares Piedras de Ica o las figuras de Acámbaro son fraudes manifiestos, razón por la que debemos actuar con extremada cautela; pero por otro lado, existen otros testimonios que han resultado ser auténticos y otros que tienen grandes posibilidades de serlo si la ciencia corrobora con sus métodos doctrinales su legitimidad. Desgraciadamente la ciencia carece de la iniciativa y voluntad para abordar este tema con seriedad por presuponer, con cierta arrogancia, que estos hallazgos no merecen la pena ser estudiados, puesto que son obra de estafadores con ansias de notoriedad (lo cual a grandes rasgos suele ser cierto, pero siempre hay excepciones). Resulta muy poco aleccionador asistir a la vulneración del principio básico que sustenta toda investigación racional: estudiar lo desconocido sin prejuicios, para de este modo llegar a la verdad. Este sistema es el que ha contribuido al éxito de la ciencia en su conjunto a lo largo de los siglos y no otro. Afortunadamente, existe una minoría de estudiosos con espíritu crítico que desechan estos tabúes tratando de desentrañar qué hay de cierto en todo esto.

Lo que sí resulta definitivo es que aquellos artefactos y documentos que han resultado ser auténticos (como el Mapa de Piri Reis o el mecanismo de Antikythera) desacreditan, con su sola existencia, la creencia de que el conocimiento científico que se solapa en la cultura megalítica o en los *ooparts* —por poner dos ejemplos significativos— surge "repentinamente" sin dejar un rastro evolutivo que explique el alto grado técnico y cultural de sus autores. ¿Dónde y cómo se origina el desarrollo de esta ciencia antigua? ¿Cómo se explica la aparición repentina de la civilización hace 10.000 años atrás sin ningún tipo de vínculo con un pasado que dé sentido a todo esto? Esta situación ha propiciado las más variopintas teorías que tratan de explicar con mayor o menor fortuna estas grandes cuestiones. Algunos de los razonamientos esgrimidos son difícilmente asimilables por la ciencia actual, pues muchos resultan lógicamente fantásticos para una mentalidad ortodoxa. Las respuestas esgrimidas que tratan de explicar este enigma apuestan por:

- La casualidad: por todo el planeta y espontáneamente aparecen las primeras expresiones de civilización y de conocimiento científico.

- Falta de datos arqueológicos de un pasado olvidado que sustenten la aparición de las primeras sociedades organizadas.

- Visitantes del espacio exterior o alguna cultura exótica desconocida humana llevan la civilización a lo largo y ancho del globo.

A estas alturas resulta evidente que hace diez mil años algo o alguien, vaya usted a saber, cambió el destino de la humanidad de una forma súbita, algo difícil de aceptar.

Todos los datos y reflexiones que veremos en este libro evocan el génesis de un pasado al que hacen referencia los mitos y leyendas, por lo que cabe preguntarse si, como suele pasar la mayoría de las veces, en el estudio profundo de estas fuentes tradicionales encontraremos las claves que nos ayuden a resolver este gran misterio. Al fin y al cabo, toda leyenda siempre contiene alguna importante revelación oculta que puja por manifestarse. Para la consecución de tan importante fin, haremos un completo repaso del conocimiento hermético de la Antigüedad, desde los constructores de megalitos, pasando por las tribus africanas, las pirámides egipcias, los observatorios precolombinos o las catedrales medievales; su relación con supuestos visitantes del Cosmos y con civilizaciones desaparecidas, cuya sabiduría habría sido preservada por una misteriosa organización. Con este libro, deseo acompañar al lector en un estimulante viaje por el tiempo que nos hará replantear nuestra concepción moderna de eso que hemos dado en llamar: la noche de los tiempos.

Capítulo 1

LOS PRIMEROS ASTRÓNOMOS

En el recién estrenado nuevo siglo, la tecnología humana está logrando descifrar los secretos del Universo. Nuestras máquinas espaciales surcan el océano cósmico con el propósito de posarse en la superficie de otros mundos. En el breve plazo de unas pocas décadas, el hombre observará nuestro hermoso planeta azul desde la atalaya de una cómoda estación espacial y, desde allí, proyectará sus futuros sueños de colonización interestelar con la construcción de bases permanentes en la Luna y el definitivo asalto tripulado al planeta rojo.

La ambición del ser humano por conocer el Universo que le rodea dignifica nuestra especie. Sin embargo, ese interés por el Cosmos viene de muy lejos. Nuestra ciencia astronómica hunde sus raíces en numerosos yacimientos arqueológicos desperdigados a lo largo y ancho de los cinco continentes. Son testimonios de un pasado tan remoto como sorprendente, pero que hacen patente como los orígenes del estudio y comprensión de las intrincadas leyes que rigen el cielo nocturno se remontan a más de cinco mil años de antigüedad.

En las últimas décadas, la arqueología se ha ido convirtiendo en una ciencia multidisciplinar. Como disciplina que investiga el pasado no ha dudado en echar mano de otras ramas de la ciencia con objeto de ampliar sus horizontes. El paso del tiempo ha demostrado que ciertos monumentos antiguos no solo guardaban tesoros fabulosos en sus cámaras secretas, en ocasiones esas construcciones denotan funcionalidades astronómicas asombrosas. Esta rama de la arqueología recibe la denominación técnica de arqueoastronomía[19] y desde finales del siglo XVIII viene recopilando novedosos datos de las misteriosas entidades que erigieron estas construcciones.

Cuando nos enfrentamos a un complejo arqueoastronómico las preguntas acuden atropelladamente a nuestro cerebro. ¿Cuándo comenzó el hombre a interesarse realmente por la astronomía? ¿Cómo explicar la existencia de conocimientos tan sutiles sobre el movimiento de los astros en épocas tan distantes?

Parece ser que *Homos* como el *Neardenthal* o el *Cromagnon* ya se sentían atraídos por la contemplación de las efemérides que se daban cita en la bóveda celeste. Estoy convencido que este interés nació paralelo a la religión. Después de haber observado los movimientos regulares de los astros del cielo a lo largo de varios millares de años, nuestros

---

[19] Puesto que en el presente manuscrito voy a recoger los datos más significativos de la arqueoastronomía, me gustaría aclarar al lector de qué trata esta disciplina. La arqueoastronomía se encarga de discernir, en términos generales, las funicionalidades astronómicas de los monumentos antiguos. Como disciplina científica que es tiene la consideración de rama legal de la arqueología. Los primeros estudios científicos de caracter arqueoastronómico se ubican a finales del siglo XVIII y principios del XIX. Estos trabajos se intensificaron considerablemente con los estudios del astrónomo inglés Sir Joseph Norman Lockyer (1836-1920).

antepasados pensaron que esos objetos eran dioses que controlaban sus vidas. En un principio, impelidos por la superstición, decidieron orientar sus monumentos hacia aquellos astros que personificaban sus miedos y esperanzas. De esta manera nació la astrología prehistórica y, con ella, los calendarios de larga duración de carácter meramente religioso. Ahora bien, la motivación final de estos complejos no era únicamente religiosa sino también pragmática.

Por otro lado, la práctica de la observación celeste, en contra de lo que afirman ciertos autores, no respondió exclusivamente a la necesidad de planificación de las primeras sociedades que practicaron la agricultura. La supervivencia de las mismas no dependía de este conocimiento estelar. Nuestros ancestros no tenían que recurrir a cálculos intrincados para sacar adelante sus cultivos, de hecho, hasta el agricultor neolítico con menos experiencia acabaría entendiendo, tras una exhaustiva observación del comportamiento de los ciclos de la naturaleza, que ciertas especies, como por ejemplo el trigo de primavera, debían sembrarse al inicio de dicha estación. A pesar de ello, los hombres de entonces debieron dar un sentido litúrgico y doctrinal a estas pautas celestes, configurándolas en forma de calendarios.

Con el paso del tiempo los números empleados en las mediciones fueron considerados sagrados siendo susceptibles de ser utilizados en todas las facetas de la vida cotidiana. Así, por ejemplo, para mayas y egipcios el 73 era un número sagrado que les permitió, entre otras muchas mediciones, descubrir el tránsito venusino de 243 años con respecto al astro solar. Por su parte, el número 41 sirvió de referencia en la construcción de las pirámides egipcias de Micerinos, Kéfren y Keops, cuyas medidas son proporcionales a este número sagrado.

Inexplicablemente, estas culturas denotan conocimientos demasiado profundos en matemática astronómica. Poseemos restos arqueoastronómicos de más de cuarenta mil años. En estos yacimientos hemos encontrado cientos de huesos tallados con muescas alineadas en grupos de 28 ó 347 incisiones. Sabemos que la primera cifra representa en días el tiempo que necesita nuestro satélite natural para completar su aparente ciclo de veintisiete vueltas, mientras que el segundo número representa el tiempo que necesita la Luna para alinearse entre la Tierra y nuestro astro solar, originando de paso un eclipse solar, siempre que se cumplan determinadas circunstancias (Chatelain, 44)[20].

La escasez de huellas materiales y de actividad técnica que presuponga un intelecto avanzado en épocas primitivas no casa con los conocimientos que el estudio de estos escasos testimonios aporta sobre nuestros misteriosos antepasados.

Resulta sorprendente, que tras siglos de supuesto silencio intelectual, hallemos pruebas irrefutables de una ciencia astronómica que para su definitiva comprensión precisa, en ocasiones, de un periodo previo de observación y catalogación bastante largo. Algunos de estos ciclos solo pueden calcularse comparando los datos de observaciones realizadas con siglos de antelación, hasta que la misma efeméride astronómica vuelve a manifestarse en el mismo contexto espacio temporal catalogado anteriormente. Solo de esta manera se pueden sacar conclusiones empíricas definitivas. Esta misión científica necesita de una planificación y organización que perdure milenios, al margen de cualquier convulsión cultural o ambiental, si no, no se explica, por ejemplo, que nuestros

---

[20] CHATELAIN, Maurice. *En busca de nuestros antepasados cósmicos.* Barcelona: Martínez Roca, 1980.

antepasados supieran que el año de Sirio —cuerpo estelar sobre el que volveremos a referirnos— tiene una duración de doce minutos más que el año de nuestro astro solar. Pues bien, para llegar a esta deducción es necesario observar, durante la friolera de 43.200 años de 365 días cada uno, la bóveda celeste hasta el preciso instante en que ambas estrellas vuelvan a coincidir en el mismo punto celestial registrado miles de años antes.

Aquellos hombres "primitivos" sabían que la Luna emergía al cielo en una misma dirección extrema que podía ser norte o sur en un intervalo de 6.800 días, razón por la que erigieron observatorios lunares megalíticos con *crómlechs*[21] de 34 ó 68 menhires para de este modo calcular el ciclo lunar de 18 años. Por tanto, la comprensión de los mecanismos del Cosmos se tradujo, mucho antes de que existiera la agricultura, en una serie de rituales en los que el entorno era modificado con megalitos y otras expresiones rupestres de apariencia abstracta.

Las fases lunares, junto al movimiento del Sol, han sido el primer referente para medir el tiempo en la prehistoria. Hay numerosas pruebas de ello, algunas muy espectaculares.

Los monumentos neolíticos más significativos de la isla de Cerdeña (las últimas catalogaciones registran más de siete mil repartidos por toda la isla) reciben el nombre de *Nuraghi* y tradicionalmente son considerados como "casas de brujas" o "pozos sagrados". Hoy sabemos que mil años antes de Cristo, en Cerdeña, el culto a las aguas estaba relacionado con nuestro satélite y este fue el medio arquitectónico que se utilizó para plasmar aquellos misterios lunares.

---

[21] Círculos de menhires destinados, la mayoría de las veces, a prácticas astronómicas.

Los *Nuraghi* son imponentes monumentos cónicos de piedra, cuya parte superior se estrecha para acabar formando una falsa cúpula. En la banda lateral sur de la mayor parte de los complejos, encontramos siempre una especie de ventana o entrada con el objeto de aprovechar mejor la luz solar. Estoy convencido de que esta parte de la construcción está dedicada al Sol, puesto que cuando las aberturas no se encuentran en dirección sur, las encontramos orientadas hacia el lugar por donde salía el Astro Rey en el solsticio de invierno o por donde aparecía Sirio entre el 2000 y 1000 a.C.

Además, los arquitectos de *Nuraghi* alineaban estas ventanas en dirección a otros puntos estelares relevantes, tales como la estrella Alfa de la constelación de Centauro. Es muy probable, a tenor de los datos manejados por los arqueoastrónomos, que aquella cultura megalítica conociera el fenómeno denominado precesión de los equinoccios. Este tema lo abarcaremos debidamente en próximos capítulos.

Eduardo Proverbio, astrónomo de la Universidad de Cagliari, y el arqueólogo italiano Carlo Maxia afirman que en aquella época existían ritos en los cuales el Sol, la Luna y ciertas estrellas y planetas —como Sirio o Venus— jugaban un papel trascendental desde el punto de vista religioso.

En efecto, estas "casas de brujas" poseen una profunda cavidad subterránea, en cuyo fondo hay un estrato acuífero sobre el que se refleja la fase de plenilunio en los meses de diciembre y febrero. Las investigaciones llevadas a cabo desde la década de los setenta demuestran que los constructores de *Nuraghis* concedían a la Luna un protagonismo especial. Los dos investigadores citados afirman haber comprobado que "el ángulo entre la vertical y la línea que une el límite norte del fondo del pozo con la abertura superior mide 11,5°, valor que coincide con el ángulo formado por la dirección de la

Luna y la vertical del lugar, cuando, en su ciclo de 18,6 años, nuestro satélite natural alcanza la máxima declinación y pasa justo por el meridiano". De este modo, en las medianoches de diciembre y febrero, la Luna llena hace acto de presencia capturando el pozo su reflejo. Un fenómeno que puede contemplarse desde las escaleras que conducen a esta construcción.

En el Monte d´Accoddi, también en Cerdeña, encontramos otra excelente ejemplificación del culto a la Luna. Conforme a las dataciones actuales, este observatorio prehistórico se remonta al IV o V milenio a.c, por lo que entra de lleno en el contexto neolítico. Las primeras excavaciones, efectuadas a mediados del siglo XX, fueron coordinadas por el arqueólogo Ercole Contu al que se le debe el descubrimiento en el lugar de restos de cerámica neolítica atribuidos a la cultura local de Ozieri. La primera campaña de excavaciones se inició en 1979 y acabó en 1984 para enlazar con una nueva campaña muy prolífica también en descubrimientos arqueológicos, lo que propició importantes subvenciones económicas que mantuvieron la exploración del lugar hasta bien entrado el año 1985. Como consecuencia de este apoyo, el equipo de excavación Santo Tinè vio recompensado su esfuerzo con el descubrimiento de una imponente estructura piramidal, ubicada bajo el túmulo de la cima: una gran cámara pétrea de 15x2 m, situada a 5,5 metros sobre el nivel del terreno circundante. La maravillosa construcción fue datada entre el 4000 y el 5000 a.c, mientras que el conjunto de menhires cercanos se remontan a una época posterior, probablemente al 3000 a.C. Poco después del descubrimiento de la pirámide del Monte d`Accoddi, otra rama de la arqucología, la arqueoastronomía, entró en escena y su veredicto confirmó las expectativas que en este sentido el monumento había levantado entre algunos miembros de la comunidad astronómica. En 1986, los investigadores E. Proverbio y G. Romano, verificaron la orientación norte-sur del complejo y midieron las direcciones celestes que los diversos componentes del conjunto parecen señalar. La primera medición estableció la orientación de la rampa de acceso al complejo piramidal. El declive presenta una desviación de 6,3° hacia el este, con respecto al norte, y, en palabras de G. Romano, no es rectilínea, sino que está formada por varias partes ligeramente desviadas unas respecto a las otras. Al parecer, los flancos de la zona central del complejo, en la que destaca un imponente rectángulo pétreo, aportan datos sobre su orientación vinculados con los puntos por donde aparecía la Luna en algunas de sus fases más significativas de su ciclo de 18,6 años. Mediciones posteriores han permitido descubrir otras conexiones astronómicas con nuestro satélite natural. Se ha podido establecer que las líneas que vinculan el centro del monumento con el menhir más distante y el otro menhir existente con el centro de la roca del altar apuntan hacia donde emergía la Luna cuando asimilaba valores particulares de declinación.

No cabe duda que los primeros calendarios prehistóricos eran lunares, y está claro también que nuestros antepasados más primitivos sabían registrar los ciclos lunares con extremada pulcritud. El interés por la Luna se refleja no solo en las observaciones cíclicas de nuestro satélite, también en las dimensiones de ciertos monumentos antiguos.

Las mediciones efectuadas en codos y pies de la época son altamente significativos en sus resultados numéricos. Esos números son 260, 328, 336, 354... y paradójicamente "son equivalentes en días a los ciclos lunares, cuyas duraciones exactas parece que eran conocidas desde hace milenios"

(Chatelain, 45)[22]. Los astrónomos primitivos conocían la existencia de diferentes ciclos lunares, en total siete. Se percataron de que el ciclo estacional del que dependían los principales actos de supervivencia de sus respectivas tribus carecía de la precisión requerida si lo que querían era vincular su año lunar de 364 días. Así las cosas, para que las estaciones coincidan una vez más con su año y sus meses resultaba imprescindible echar mano de trescientos de esos años. Aquellos sagaces astrónomos dedujeron que el Sol reaparecía de nuevo en el mismo punto celeste —cada 1461 días— tras haber transitado en cuatro ocasiones la bóveda celeste. Este conocimiento les permitió elaborar calendarios solares con el apoyo de los planetas Venus y Marte, los dos primeros planetas cuyas fases cíclicas se midieron exitosamente en conjunción con el Sol, añadiéndose al calendario.

Hubo otro fenómeno que llamó la atención de los astrónomos primitivos durante siglos. Tras milenios de observación advirtieron que las constelaciones cambiaban de aspecto paulatinamente, por lo que incluso estrellas que hacía siglos eran perfectamente visibles dejaban de serlo después de un largo periodo temporal. Ahora bien, también observaron que si bien existía un cambio evidente en el rostro nocturno, no parecía suceder lo mismo con el triángulo equilátero formado por las estrellas Betelgeuse, Sirio y Proción, todas ellas dentro del ámbito de influencia de otro sistema estelar mítico en las culturas antiguas, la constelación de Orión, con su famosa tríada interna, también conocida bajo el nombre de cinturón de Orión.

---

[22] CHATELAIN, Maurice. *Astronomía Neolítica*. Barcelona: Martínez Roca, 1980.

A consecuencia de esta peculiaridad, fueron muchos los astrónomos prehistóricos que creyeron descubrir el mismísimo centro del Universo. Aunque estaban equivocados en su apreciación no ocurrió lo mismo cuando estimaron, acertadamente, que el Sol se desplazaba un grado sobre la eclíptica, cada setenta y dos años, por lo que calcularon en 25.920 años el tiempo que invertía nuestra estrella en dar una vuelta completa. Sobre este controvertido tema volveremos a incidir.

Otro hecho desconcertante lo tenemos en la división que algunos astrónomos primitivos hicieron del cielo nocturno. Hubo quien dividió el cielo en 24 porciones idénticas, cada una de 15° de longitud, en clara correspondencia con las 24 horas que tiene un día. Otros dividieron el cielo en 26 parcelas, cada una de las cuales se correspondía con los 14 días del año lunar. Finalmente, hubo quién dividió el cielo en 44 partes iguales en clara correspondencia con un dato revelador e inquietante. En efecto, si dividimos proporcionalmente la circunferencia ecuatorial de nuestro planeta en 44 porciones de 911 kilómetros cada una obtendremos un total de 40.048 kilómetros de circunferencia ecuatorial, obteniéndose para ella un radio de siete unidades, lo que nos da un total de 6.377 kilómetros, un resultado ligeramente inferior, en un kilómetro, al valor real.

Todos estos datos nos aportan una visión intrigante de nuestro pasado. Por razones que desconocemos todavía, aquellos primeros astrónomos y matemáticos eran capaces de discernir la mecánica celeste sin la utilización de ningún telescopio o aparato tecnológico similar, problema que eludieron —en parte— con la construcción de computadoras y medidores temporales elaborados en piedra. Para demostrar los increíbles conocimientos de nuestros ancestros, tuvimos que discernir los secretos de estos toscos pero eficaces observatorios del Cosmos. El más veterano de esos monumentos está en Ucrania. Se trata del Observatorio ovoide de Molodova y cuya antigüedad se remonta a algo más de cuarenta y dos mil años atrás en el tiempo. Por lo tanto, estamos en presencia del yacimiento arqueoastronómico más antiguo de toda Europa, muy anterior en el tiempo a los yacimientos megalíticos de Carnac, New Grange, Averbury, Callanish, Crucuno o Clava, por citar algunos de los más populares.

LA RELIGIÓN DE LAS ESTRELLAS

Desconocemos las repercusiones antropológicas que esta hermosa y extraña manifestación del intelecto primitivo causó —emocionalmente hablando— en el seno de las sociedades megalíticas. Lo único que podemos intuir con un alto índice de certidumbre es el intenso alcance que esta expresión tuvo en el espíritu individual de los miembros de aquellas sociedades. Se puede intuir, en los casos ya citados, un interés religioso por los astros. Además, cada día resulta más evidente para los arqueólogos que fue precisamente la Luna el primer astro que muy posiblemente recibió de los hombres antiguos rango divino.

Por otro lado, existen yacimientos relacionados con la presencia en el cielo de determinadas estrellas, actualmente ocultas o desplazadas temporalmente de lugar, que debieron tener algún significado especial —al margen del meramente astronómico— para las sociedades de entonces.

La confirmación nos la dan las fuentes literarias latinas y griegas al relatarnos la utilidad práctica que cumplían ciertas constelaciones o estrellas al indicar, con su salida o con su

Avenida de menhires de Carnac. Una de las manifestaciones megalíticas más impresionantes de Europa. Estas avenidas de menhires fueron erigidas conforme a criterios astronómicos, pero también religiosos.

puesta, el inicio de determinados trabajos agrícolas o la celebración de ciertos rituales de carácter funerario.

Estoy hablando de las estrellas *admonitoras*. El empleo de indicadores cósmicos se utilizaba en algunos santuarios megalíticos como el de Callanish; y digo santuarios porque la religión y la astronomía no constituían dominios autónomos.

El círculo de menhires de Callanish, en la isla Lewis (Inglaterra) posee varias hileras de monolitos orientados hacia el lugar del horizonte por donde amanecían Capella y las Pléyades hace unos 3.800 años. Para algunos autores antiguos como Hesíodo, la desaparición de las Pléyades indicaba la época para arar la tierra y su renovada aparición señalaba el comienzo de la cosecha del trigo. Del mismo modo, la salida junto al Sol de la estrella de Sirio indicaba las crecidas del Nilo en el Antiguo Egipto. Probablemente, todas estas mediciones tenían su reflejo en actos votivos de carácter religioso.

Las desviaciones de estas especiales construcciones no pueden explicarse únicamente por las salidas de los dos principales actores de la bóveda terrestre: la Luna y el Sol. Esta desviación corresponde a un punto de referencia que actúa asociado, no obstante, al Astro Rey. Este punto de referencia es una estrella que aparece muy poco antes del amanecer y recibe, por esta razón, el nombre de helíaca.

Las apariciones helíacas de Sirio y Régulo han sido las más utilizadas a lo largo de la prehistoria, aunque no se descarta el uso de otras estrellas o eventos celestes. En Francia, se descubrieron en 1930 diez pequeñas tumbas, marcadas cada una de ellas por un menhir. En total suman diez pequeños menhires erigidos en semicírculos frente a otro más grande, que destaca sobre el resto y está orientado hacia el norte. Los esqueletos encontrados —hallazgo infrecuente en la historia de la arqueología megalítica, sobre todo en aquellos terrenos geológicamente ácidos que impiden la conservación de restos biológicos humanos o animales relacionados temporalmente con estos yacimientos— habían sido colocados cuidadosamente mirando hacia el oeste, lo que podría hacer referencia a los distintos desplazamientos de la estrella helíaca hacia dicho punto cardinal. Una vez más se dejan entrever las implicaciones religiosas de algunos de estos observatorios estelares.

El citado ejemplo francés indica que algunos monumentos megalíticos poseían un carácter que vinculaba el culto funerario a los fenómenos celestes, motivo por el cual los arqueólogos los han definido acertadamente como tumbas cósmicas[23].

El Observatorio ucraniano —antes citado— de Molodova observa una serie de aspectos exclusivos con respecto a los otros yacimientos. Mientras que estos últimos están construidos en piedra, el Observatorio ovoide de Molodova está elaborado con una materia prima peculiar: restos óseos de mamut. Consiste en una elipse trazada conforme a una medida de referencia de 280 mm. Los colmillos y huesos de paquidermo se combinan adquiriendo la estructura de arcos circulares, con radios de nueve, doce y veinticuatro pies, cuyos centros ocupan el ápice: —en palabras de Maurice Chatelain— "de triángulos sagrados, con tres, cuatro y cinco pies de lado. Dichos triángulos permiten la medición del ángulo de 37º existente en Europa entre la salida de nuestro astro solar en los solsticios y equinoccios" (Chatelain, *En busca de nuestros antepasados cósmicos*, 84). Europa del este

---

[23] Por lo general estas cámaras funerarias fueron colectivas; es el caso de la Cueva de Menga, en Antequera (Andalucía) que contenía más de medio millar de inhumaciones, o el aún más denso osario descubierto en la necrópolis de Hal Salflieni, en Malta, cuya cifra ronda los siete mil individuos.

cobija otras muestras arqueológicas de sumo interés; es el caso del emplazamiento prehistórico de Malaya Siya, sito en la región rusa de Krasnoyarsk, al este de Moscú. En las inmediaciones del yacimiento los arqueólogos encontraron la talla pétrea de una tortuga en cuyo caparazón aparece representado el mapa estelar de hace treinta y cuatro mil años. Otro yacimiento ovoide, pero en esta ocasión hecho en piedra y ubicado en Inglaterra, es el de Clava. Paradójicamente los criterios astronómicos de este emplazamiento megalítico responden a los mismos criterios que el anteriormente citado yacimiento de Molodova. Al igual que el observatorio ucraniano, el inglés observa también el ángulo de 37º. Las famosas avenidas megalíticas francesas de Carnac sirvieron para observar la Luna, pero al parecer su diseño y planificación invitaban al seguimiento cósmico del Sol y de los planetas visibles. Los arqueoastrónomos han llegado a estas conclusiones tras las oportunas comprobaciones, sin embargo, han sido incapaces —al margen de estos cálculos[24]— de determinar la motivación astronómica que pudo existir a la hora de alinear tres mil menhires a lo largo de diez kilómetros. Tal vez la idea consistiera en marcar el nacimiento del Sol en determinadas fechas.

Sea cual sea el asentamiento megalítico que estudiemos observamos otro aspecto técnico sorprendente: el uso sistemático de una misma unidad de medida por parte de los constructores megalíticos europeos, la yarda megalítica.

---

[24] En Carnac existen aproximadamente unas doce filas paralelas de menhires, separados por huecos que oscilan entre los 24 y 42 pies micénicos. Las filas se ramifican a lo largo de unos diez kilómetros de distancia y apuntan al norte de la línea de los equinoccios, justo donde sale el Sol a principios de mayo.

Se supone que en los tiempos previos al nacimiento de la cultura científica en Grecia[25] no existía la geometría, tal y como se concibe hoy en día. Sin embargo, en la práctica totalidad de los monumentos megalíticos con una clara funcionalidad astronómica, se utilizan todo tipo de figuras geométricas que van desde los sencillos círculos, pasando por los triángulos, las espirales o las elipses.

Sin duda, el círculo es la figura más fácil de diseñar. Son muchos los monumentos prehistóricos que adquieren esta forma. El círculo trazado en Stonehenge —conocido con el nombre de los 56 agujeros de Aubrey— fue bosquejado sobre el terreno con suma precisión, siendo el margen de error del trazado de solo 17 cm, sobre un radio de 43,2 metros.

Por su parte, en Woodhenge, también en Inglaterra, se siguió un trazado ovoide, compuesto sobre seis óvalos concéntricos.

Si retrocedemos de nuevo a territorio galo encontramos un interesante ejemplo de trazado triangular. Es el caso del complejo francés de Crucuno, en la Bretaña francesa. El trazado del monumento responde a un sencillo triángulo rectángulo formado por dos catetos que miden 3 y 4 unidades, mientras que la hipotenusa mide 5. Se ha observado que los lados del rectángulo apuntan hacia el norte—sur y este—Oeste, al tiempo que las diagonales se orientan hacia el punto celeste en el que emerge y muere el Sol durante los solsticios.

Todos estos indicios han hecho pensar a Alexander Thom que existió una unidad común para trazar todos estos monumentos en la Europa megalítica. A partir de las mediciones realizadas en los mismos se intenta conseguir un

---

[25] Hacia la segunda mitad del primer milenio a.C.

Dolmen *Cova da Moura,* Galicia (España). Muchos
megalitos tenían una funcionalidad astronómica que abrigaba
rituales religiosos de profundo calado tribal.
(Foto: Tomás Martínez)

submúltiplo común, en otras palabras, una unidad de
medida que Alexander Thom denomina yarda megalítica,
cuyo valor de 0,829 metros se correspondería con la medición de un paso humano. Esta idea no es, sin embargo,
nueva. En el siglos XVIII el erudito Willian Stukeley
propuso una unidad de 0,528 metros de aplicación universal,
incluso poco después, en el año 1895, un tal Lewis creyó
discernir otra unidad de medida, pero en este caso de uso
geográfico más restringido. Con el paso de los años, la idea
de la medida común ha ido cobrando fuerza y ello aunque
signifique hacer tambalear otro paradigma científico que

presuponía la falta de intercambio comercial, cultural y científico en tiempos tan distantes.

Estos monumentos, relacionados con el Cosmos, nos ponen sobre la pista de su dimensión más trascendente, al comprobar que no eran erigidos aleatoriamente, sino que su colocación respondía también a criterios religiosos. Ahora bien, si existía una precisión astronómica debía de existir asimismo una precisión geográfica igual de significativa. Así, se descubrió que los megalitos se situaban en espacios concretos, en los cuales las corrientes telúricas cortaban otras de aguas subterráneas que desembocaban, la mayoría de las veces, en una fuente o río sagrado. Estas aguas eran y siguen siendo consideradas en la actualidad curativas, al igual que muchos monolitos europeos o americanos utilizados para sanar diversas dolencias. Es inevitable asociar este hecho con ciertas tradiciones galaicas —todavía vivas— en las que se utilizan lajas megalíticas para curar los órganos enfermos[26].

LOS CONSTRUCTORES DE MEGALITOS

A la hora de abarcar este tema, puede que se sienta ansioso por saber lo que pienso sobre los autores culturales de esta expresión sublime de la arquitectura prehistórica. Si me permiten, dejaré la respuesta a esta importante cuestión para el final de la madeja. Así las cosas comencemos explicando cuál pudo ser la motivación que impulsó a los cons-

---

[26] Para más información se recomienda consultar la obra del autor; *Galicia Secreta* (MARTÍNEZ, Tomé. *Galicia Secreta*. Madrid: Corona Borealis, 2002). En ella el lector encontrará interesantes ejemplos de mediación curativa a través de las piedras megalíticas gallegas, conforme a las reglas establecidas por el mundo tradicional galaico.

tructores de megalitos a alzar estas moles de piedra en determinados lugares.

Una de las más controvertidas teorías que tratan de explicar este pormenor es la denominada tesis de los Leys, también conocida como teoría de las Líneas del Dragón. Alfred Watkins, un caballero británico que por entonces contaba los 65 años de edad, recorría los hermosos parajes de Bredwardine; cuando observó un hecho que lo dejó atónito. Como si se tratase de una revelación divina Watkins advirtió una imaginaria red de líneas que se extendían a través de la orografía, vinculando de este modo, iglesias, yacimientos megalíticos y diversos santuarios paganos. Watkins publicaría sus hallazgos con posterioridad recibiendo por ello furibundos ataques por parte de la comunidad científica del momento. Según esta concepción, los constructores de megalitos consideraban la fase de elección del lugar de ubicación como una de las más delicadas. Aparte de la funcionalidad astronómica, el monumento en cuestión debía de cubrir otras necesidades funcionales, esta vez de carácter telúrico. Conforme a esta filosofía, los megalitos se erigían en puntos geográficos de gran actividad energética con objeto de encauzar, equilibrar y mejorar las condiciones ambientales de esos espacios. El británico Colin Bloy cree que estas líneas de fuerza subterráneas forman una gran red que abarca casi la totalidad del continente europeo, relacionándose con lo que él llama sistema nervioso de la Tierra, concepción que han sustentado anteriormente otros autores como James Lovelock, que consideran nuestro planeta como un gigantesco ser vivo. ¿Procede esta creencia realmente de épocas primitivas? Probablemente, aunque con matices culturales.

En el año 1785, durante una reunión de la *Royal Society of Edimburg*, el escocés James Hutton afirmó que la Tierra

Dolmen de Axeitos, Galicia (España). Los dólmenes están firmemente arraigados en la cultura popular. En Galicia han enriquecido el imaginario popular al incluir en sus inmediaciones a seres enigmáticos como los mouros y las mouras, seres mitológicos que tienen su correlación con otras culturas del imaginario celta europeo. Es el caso de los Korrigans del imaginario popular irlandés.
(Foto: Tomás Martínez)

era un super organismo cuyo estudio debía encauzarse en una nueva dirección analítica, estableciéndose para ello la base técnica y teórica de lo que él denominó doctrina de la fisiología planetaria. Esta peculiar y polémica visión del planeta cayó en el olvido aunque a lo largo del tiempo fue citada aisladamente por algún que otro escritor, hasta que Lovelock volvió sobre el tema. El investigador escogió el nombre de Gaya para designar nuestro planeta, identificándolo —al igual que hiciera siglos antes el investigador escocés Hutton— como un superorganismo vivo que es capaz de autorregularse. Son muchos los eruditos que se muestran escandalizados con Lovelock y hasta puede que con la pobre-cita Gaya, pero en todos los años transcurridos desde que esta teoría fue recuperada, la teoría de Lovelock ha hecho frente, de una manera original, a determinados fenómenos inexplicables, llamando la atención de algunos científicos.

En la misma línea, otros investigadores creen que las energías de los Leys proceden del propio planeta, formando una extensa red de líneas que, en algunos tramos, puede tener irregularidades o desequilibrios. Es en estos casos donde los megalitos desempeñarían un papel fundamental en el re-equilibrio telúrico de una determinada zona.

Esta teoría resulta tan difícil de creer para algunos como las inverosímiles cantidades demográficas que, supuesta-mente, han estado involucradas en la construcción de estos complejos arquitectónicos del pasado. Mucho me temo que el número de habitantes del momento apenas cubría las expectativas generadas a la hora de acometer una obra de estas características a corto plazo, pero tal vez sí a largo plazo.

Según las evaluaciones hechas por Renfrew, el famoso sepulcro de Quanterness en las islas Orcadas requirió para su construcción una media de 10.000 horas/hombre, lo que equivale a un porcentaje aproximado de 1.500 jornadas. Ello significaría el trabajo continuo e ininterrumpido, durante algo más de 75 días, de esas diez mil almas.

Ahora bien, todos estos observatorios son relativamente elementales en su construcción y, obviando las características arqueoastronómicas, su levantamiento no exigió grandes cono-cimientos matemáticos, cosa que no pasó con las desafiantes computadoras megalíticas. Su construcción exigió un notable esfuerzo físico, técnico e intelectual.

Capítulo 2

STONEHENGE: EL COMPUTADOR MEGALÍTICO

Recién estrenado el nuevo milenio, los medios de comunicación europeos se hicieron eco de una noticia que chafó el día a más de uno. Al parecer, un joven estudiante de la Universidad de Bristol, de nombre Brian Edwards, mientras hacia una investigación para su tesis doctoral se dio cuenta —por pura casualidad— de un hecho irritante y que desde entonces ha traído de cabeza a las instituciones científicas de aquel país.

El complejo megalítico de Stonehenge que visitaban los turistas de todo el mundo, no respondía enteramente a los parámetros arquitectónicos originales llevados a cabo por sus arquitectos en la prehistoria. "En realidad —comenta Edwards— el complejo megalítico que podemos ver hoy en cualquier postal es una recreación llevada a cabo por el arqueólogo Alexander Keiller. La forma actual del complejo es una reminiscencia del auténtico aspecto que pudo tener la estructura en el pasado". Estos datos han sido inexplicablemente ocultados a la opinión pública durante décadas y su publicación ha provocado la desazón y el disgusto colectivo

El complejo arqueoastronómico de Stonehenge, el observatorio megalítico más famoso del mundo. Su construcción precisó de varios siglos, algo que solo fue posible gracias a la perpetuidad de una tradición científica heredada.

del gremio arqueológico. Sabemos que la primera restauración de Stonehenge data del año 1901, mientras que la segunda fue ejecutada en 1919, de la mano del coronel William Hawley. Aunque este hecho ha marcado un antes y un después en el yacimiento megalítico de Stonehenge, podemos estar seguros de que las alteraciones de que ha sido objeto no han deteriorado la funcionalidad astronómica del recinto. Las evidencias arqueológicas han demostrado que Stonehenge es una computadora megalítica cuya edificación, al parecer, precisó de varias etapas a lo largo de varios miles de años.

Salvando las distancias, Stonehenge se construyó —al igual que las catedrales medievales— en varias fases. Durante un dilatado periodo, desde 2800 a 1550 a.C, se hizo necesaria una planificación que cumpliera escrupulosamente, a lo largo de los siglos, con el fin perseguido por aquéllos que proyectaron su ejecución. Esto no hubiera sido posible si no hubiera existido una poderosa motivación.

La Heelstone (un menhir situado en las afueras del complejo megalítico circular) y los 56 agujeros de Aubrey, son los elementos más antiguos. Los trilitos dispuestos en este lugar ocho siglos más tarde. Las famosas piedras azules, que se sitúan en un doble círculo, constituyeron la última fase de esta construcción prehistórica.

Los estudios arqueoastronómicos iniciados por el reverendo inglés Willian Stukeley en 1740 y los llevados a cabo por investigadores contemporáneos como Gerald S. Hawkins o Mario Zanot, han demostrado que los misteriosos arquitectos de Stonehenge utilizaron ciertas estructuras megalíticas para determinar las fechas más sobresalientes del año agrícola o simplemente para resaltar ciertas ceremonias relacionadas con los eventos celestes.

Hasta la fecha, se ha localizado una veintena de alineamientos de carácter astronómico. Así, por ejemplo, el monolito de Heelstone, erigido frente a la entrada del monumento y de 4800 años de antigüedad, es el encargado de marcar la salida del Sol en el solsticio estival[27].

Los cinco trilitos interiores están ubicados de tal forma que marcan dos elipses concéntricas, donde el eje mayor señala el lugar por donde nace el Sol en el solsticio de verano.

Desde el interior del complejo es posible distinguir ciertas irregularidades del terreno; algunos de estos accidentes topográficos sirven para determinar con precisión las salidas y puestas de la Luna o las fechas en que se manifiestan determinados sucesos celestes, algunos de los cuales podrían corresponder a ciertas festividades y ofrendas expiatorias asociadas a los eclipses, fenómenos que eran interpretados por aquellas sociedades como un signo particularmente peligroso.

El prestigioso astrofísico inglés sir Fred Hoyle ha propuesto un método que, a su juicio, se aproxima al que utilizaron los sacerdotes de Stonehenge para predecir los

---

[27] Desde un punto de vista astronómico, el movimiento aparente del Sol sobre la eclíptica determina sobre el horizonte ciertas efemérides lo suficientemente regulares como para contribuir a una medición rigurosa del tiempo a través de calendarios.

Al principio de la primavera, el Sol —que se haya sobre el ecuador con declinación cero— sale por la mañana por el este y se pone por el oeste. La primera etapa de esta estación se caracteriza por el equilibrio que se da entre la noche y el día: hay tantas horas de luz como de oscuridad, de ahí el término de equinoccio. Conforme avanza la estación, el Sol se aleja del ecuador hacia el norte, aumentando considerablemente la declinación. Por tanto, el astro no emerge con la exactitud propia de los inicios de esta estación, sino que sale por un punto ubicado entre el este y el norte y se oculta por la tarde entre el oeste y el norte. En este contexto temporal, hay por el contrario, más horas de luz que de oscuridad, puesto que el arco descrito por nuestra estre-

eclipses, mediante una sencilla operación y sobre la base de los 56 agujeros predispuestos en forma de círculo que son conocidos con el nombre de Pozos de Aubrey. Para Hoyle, estos representan las órbitas aparentes del Sol y la Luna. Si el Sol se indica con una piedra marcada y se desplaza cada 13 días 2 pozos, la piedra marcada completará un giro de 360° en el plazo de un año. A su vez, si dividimos los 56 pozos entre los 2 recorridos cada 13 días, el resultado será 28, que multiplicado por 13 equivale a 364, casi el número de días del ciclo solar anual (365,24 días).

Ahora bien, si tomamos otra piedra marcada, que representaría a la Luna, y la desplazamos también 2 pozos cada día en el sentido del Sol, podemos deducir el ciclo de nuestro satélite. En efecto, 56 dividido entre 2 es igual a 28, cifra aproximada de la duración del mes lunar.

Finalmente, para que los cálculos de Hoyle nos lleven a buen puerto hemos de situar una pareja de piedras —diferentes a aquéllas que representan al Sol y la Luna—, para señalar los nódulos lunares. La órbita de la Luna cruza en dos puntos la eclíptica. Estos dos puntos se denominan, respectivamente, nódulo ascendente y descendente. La recta que une a ambos

---

lla en el cielo es de una mayor amplitud. A medida que avanza el tiempo, la declinación del Sol disminuye aproximándose —de nuevo— la salida del astro solar en el este. Al principio del otoño, el Sol alcanza el ecuador, repitiéndose, nuevamente, el fenómeno ya descrito en primavera: un nuevo equinoccio. Conforme avanza el otoño, la declinación del Sol se va haciendo negativa; lo que quiere decir que se ubica por debajo del ecuador del planeta. En consecuencia, el Sol emerge paulatinamente por un punto cada vez más distante del este, hacia el sur, lo que contribuye a que se den menos horas de luz que de costumbre, hasta alcanzar un prolongamiento máximo de la oscuridad llegados al invierno, lo que técnicamente se denomina solsticio invernal. En esas fechas, nuestro Sol surge en un punto próximo al sur, registrándose más horas de oscuridad en detrimento de la luz.

se llama línea de los nódulos. Éstos se desplazan sobre la eclíptica de tal forma que la línea realiza un giro completo en un periodo de 18,6 años. Pues bien, cuando tres de estas piedras coinciden sobre el diámetro del círculo que dibujan los pozos de Aubrey, es factible que se produzcan eclipses.

Aunque muchos lectores extraigan la conclusión de que Stonehenge es una perfecta computadora megalítica, que no se lleven a engaño. Existe otro complejo megalítico todavía más perfecto que Stonehenge: el círculo megalítico de Sarmise, en Rumanía.

Resulta paradójico que Stonehenge sea más popular que el complejo rumano de Sarmise y ello por una razón de peso: el complejo ubicado en Sarmise Getusa Regia es considerado por los astrónomos como el monumento arqueoastronómico más sensacional de cuantos conoce la ciencia. Esta maravillosa máquina prehistórica fue diseñada con unos criterios de precisión tan sublimes que la convierten en un testimonio del pasado de enorme valor científico. La computadora megalítica de Sarmise responde a un diseño circular de grandes proporciones. A su vez, esta se divide en 104 partes iguales, por medio de otras tantas lajas predispuestas verticalmente. La zona interior del círculo pétreo se encuentra dividida por grandes postes de madera en 210 porciones análogas unas de otras. Además de este gran círculo, Sarmise incluye otro más aunque con unas proporciones más modestas respecto al primero. Como en el grande, el círculo pequeño también está dividido en partes iguales. En esta ocasión, la circunferencia se divide proporcionalmente en dos zonas de treinta y cuatro piedras cada una, la primera distribuida en dos veces 17, la segunda en 18 más 16, lo cual —en palabras de Chatelain— iba encaminado a efectuar diversos cálculos astronómicos.

Vista aérea del complejo de Stonehenge

Los ciclos astronómicos susceptibles de análisis con la máquina megalítica rumana son de una sutil complejidad. Chatelain, tal vez el especialista más preocupado por la divulgación de este complejo megalítico a la opinión pública, explicaba así las portentosas características de este portento tecnológico del pasado remoto: "las 104 losas exteriores coinciden, desde luego, con un ciclo de ciento cuatro años, o lo que es lo mismo 37.960 días, dato que asombrosamente también era conocido por la cultura maya y los egipcios. Esta peculiaridad cíclica hace coincidir los años solares de 365 días con los años venusianos de 584 días, en tanto que tres de dichos ciclos coinciden con 146 años de Marte, y catorce con 73 conjunciones de Júpiter y Saturno; o lo que es lo mismo, 1.640 años lunares"[28].

Pero lo más espectacular está por venir. Al parecer el círculo pétreo de 210 piedras resulta para Chatelain más enigmático, pues según él, no existe ningún ciclo astronómico múltiplo de ese número que los constructores de Sarmise pudieran discernir sin la requerida ayuda por parte de alguna cultura exterior más instruida y capacitada tecnológicamente. Existen dos círculos megalíticos múltiplo de ese número realmente desconcertantes. El primero nos remite al número 18.270, que en días, es el tiempo que requiere una estrella invisible que gira alrededor de Sirio. Este tema lo retomaremos más adelante cuando hablemos de las tribus dogon. Por su parte, el segundo círculo nos remite al número 90.720 que en días se corresponde con la revolución sideral del planeta Plutón. Ahora bien, en ambos casos, estos misteriosos cuerpos celestes no fueron percibidos por el ojo humano hasta bien entrado el siglo XX, gracias entre otras cosas a la utilización de artilugios ópticos como el telescopio; y al parecer, los hombres de Sarmise, que sepamos, no poseían esta tecnología. ¿Cómo pudieron averiguar estas efemérides cósmicas sin las herramientas adecuadas?

---

[28] CHATELAIN, Maurice. *Le temps et l'espace.* Paris: Laffont, 1979.

Capítulo 3

LAS CLAVES OCULTAS DEL ARTE RUPESTRE

U n sector relevante de la comunidad científica partiendo de métodos de discernimiento ortodoxos se enfrentó por primera vez al fenómeno de los grabados rupestres (petroglifos) sin tener en cuenta aspectos etnográficos, antropológicos, lingüísticos y hasta astronómicos. Así, cuando la ciencia arqueológica trató de ofrecer las primeras interpretaciones de este complejo código rupestre lanzó una serie de teorías que difícilmente podían tenerse en pie, ni siquiera recurriendo a la lógica que paradójicamente trataba de respaldarlas.

Admitiendo que fueron grabados en una época que ni siquiera hoy en día puede verificarse al cien por cien, se asumía la remota antigüedad de aquellas manifestaciones rupestres provenientes de pueblos de los que incluso hoy no sabemos nada en absoluto, careciendo de datos tan significativos como su forma de vida, su visión del mundo, su mentalidad…a pesar de ello, surgieron respuestas que con el tiempo se convirtieron en auténticos actos de fe "científica".

Hace unos 10.000 años, el hombre del Mesolítico realizó en grandes cantos de río unos símbolos (fila superior) que recuerdan a representaciones muy posteriores en el tiempo (fila inferior) como esta encontrada en las Islas Canarias y en Galicia (norte de España).

Durante más de una década he investigado muy de cerca este complejo fenómeno arqueológico y me he percatado de una serie de aspectos que denotan la compleja mentalidad de sus creadores.

Los motivos que aparecen en los grabados de las lajas graníticas de la franja atlántica europea fueron interpretados como manifestaciones de la presunta realidad cotidiana de aquellas misteriosas entidades culturales. Del mismo modo que los dólmenes fueron considerados tumbas y los menhires delimitadores de territorios, las formas más comunes que aparecen en los grabados rupestres fueron interpretadas como cabañas, mapas esquemáticos de territorios de caza o ganado. Aquellas interpretaciones, no exentas de una lógica, pero que se acomodaba a nuestra visión clásica de la prehistoria, no dejaban de ser precipitadas e imprecisas; eludiendo una cuestión fundamental que puede ayudar mucho a hacer una interpretación general más coherente: su cronología. Como es sabido, la datación de los petroglifos se extiende desde finales del neolítico hasta la edad del bronce y aún, en ocasiones, hasta tiempos inmediatamente anteriores y posteriores al cristianismo. Aún podemos verlos reproducidos en las gliptografías medievales, aunque con un estilismo más "moderno".

En cualquier caso, resulta imposible admitir que el ser humano se esfuerce en dejar una muestra perenne que refleje algo tan circunstancial como las cabezas de ganado (que pueden cambiar en número de un año para otro), los caminos de caza (variables según las estaciones y los movimientos migratorios), o las cabañas, frágiles y siempre sujetas a las inclemencias de la naturaleza y las convulsiones sociales o las guerras entre tribus.

Del mismo modo, resulta incongruente pensar en los dólmenes como simples tumbas levantadas con pesadas piedras penosamente transportadas, a veces, desde distancias inverosímiles; en los enormes menhires como mojones indicadores de los límites de un determinado territorio, o en los círculos de piedra (cromlechs) como lugares delimitados para el pastoreo de ganado. Independientemente de la época en que le haya tocado vivir, cuando el ser humano emprende una labor que exige su máximo esfuerzo y la paciencia propia del artista es porque esa labor supone la expresión de un esquema existencial, en el que, más allá de los problemas cotidianos, juegan sus sentimientos, sus conocimientos y, sobre todo, sus creencias. La cuestión estriba, entonces en saber qué fue lo que realmente impulsó a aquellas comunidades primitivas a dejar su impronta pétrea para que perdurase más allá de su tiempo. Y aún más, en reflexionar sobre los principios que permitieron que afloraran determinados arquetipos comunes a pueblos muy distantes entre sí y, en apariencia al menos, sin relación alguna entre ellos.

Sorprende primero e inquieta después comprobar la identidad de estos grabados rupestres que aparecen desde las costas canarias hasta las de Noruega y que se prolongan, sin solución de continuidad, a yacimientos arqueológicos del otro lado del Atlántico. E inquieta esta comprobación porque carecemos de prueba alguna que nos permita establecer el lazo de unión que pudo existir entre aquellos pueblos en un tiempo en el que es racionalmente inconcebible imaginar una relación efectiva entre culturas sin los medios de desplazamiento que pudieran haberlas puesto en contacto.

Por eso, mientras no aparezcan testimonios que nos permitan encontrar respuestas más asentadas, solo nos cabe pensar que estos mensajes —pues de mensajes parece más bien tratarse— se deben a inexplicables coincidencias en las estructuras mentales y espirituales de los pueblos, que de este modo manifestaron los aspectos generales de su identidad. Lo que no admite dudas es esa trascendencia que intentaron transmitir, por más difícil que nos resulte interpretarla. Y la sospecha que surge, aunque nos resistamos a proclamarla a voces, es la posibilidad de que haya existido ese nexo de unión que hasta ahora no hemos encontrado y que daría respuesta a muchas otras incógnitas que nos obligan a tratar el pasado más remoto como un conjunto de lucubraciones difícilmente comprobables.

Las costas del Noroeste ibérico y las del archipiélago canario constituyen un auténtico museo de grabados rupestres prehistóricos. De hecho, en los peñascos de sus yacimientos podemos encontrar todos los modelos, todos los estilos y la práctica totalidad de los motivos que rigieron el

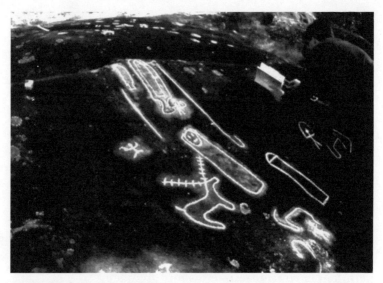

Pedra das Ferraduras (Galicia). En esta laja encontramos temáticas
relacionadas con la cotidianeidad de aquellas tribus que las
esculpieron en la dura roca.
(Foto: Tomás Martínez)

lenguaje de los petroglifos. Solo la provincia española de
Pontevedra (Galicia) contiene más de quinientas estaciones
rupestres y son muchos los yacimientos que quedan aún por
descubrir. Al estudiar los petroglifos podemos comprobar
que muchos de estos yacimientos acumulan testimonios de
diversas épocas, conformando una continuidad espiritual que
superó con creces los límites de la memoria inmediata de sus
autores.

Los ejemplos en los petroglifos de Pontevedra estudiados por mí son diáfanos en este sentido. Hay uno, la llamada
Pedra das Ferraduras, en la parroquia de San Xurxo de Sacos,
en el ayuntamiento de Cotobade, que muestra una variedad
de motivos cuyo análisis nos hace sospechar que fueron

grabados en diferentes épocas. Los grabados más antiguos parecen corresponder a tres representaciones de ídolos cilíndricos y los más modernos, aun dentro de su antigüedad, a la representación esquemática de una espada y dos cuchillos. Entre estas formas aparecen grabados de épocas intermedias, tales como figuras humanas esquematizadas, círculos concéntricos, series de signos que se han definido como huellas, cérvidos, vacas o toros...

Lo curioso es que el conjunto no se nos muestra como una acumulación de motivos inconexos, como sería de esperar, sino que adquiere un cierto sentido unitario cuando comprobamos que los animales se dirigen hacia donde se ubican los ídolos, que los hombres rodean a los animales, que uno de ellos provisto de un escudo esgrime una espada desmesuradamente grande, que fue grabada seguramente en otro contexto temporal, y que las huellas se dirigen hacia los círculos concéntricos que se encuentran en el otro extremo de la laja.

Lo que esta roca, como otras muchas, viene al menos a demostrar es que los diseños que motivaron su primera versión —la de los ídolos cilíndricos— se conservaba viva cuando, con posterioridad, otros artistas vinieron a completar el· mosaico argumental y a totalizar su sentido, completando el mensaje primitivo que constituyó probablemente el origen del lugar de culto, si es que fue aquella realmente la función primitiva del yacimiento. Esta circunstancia, en la que no han incidido explícitamente los investigadores, lleva cuando menos al convencimiento de que un mismo esquema cultural presidió durante milenios aquel lugar; y que, aun pasadas generaciones y evolucionadas las estructuras mentales, siguió vivo el espíritu trascendente que había hecho de aquel yacimiento un espacio sagrado.

Otras circunstancias abonan la convicción de que, en los lugares donde aparecen petroglifos, se practicó algo que podríamos calificar de culto y de transmisión de conocimientos. Si tomamos el ejemplo inmediato de un yacimiento emblemático como el de Mogor, también en Galicia, comprobaremos que allí surge, como en ningún otro yacimiento, la figura del misterioso laberinto, conformando el motivo principal de los grabados que lo acompañan. Muestra, por lo tanto, una dedicación específica a esta figura, como si el lugar hubiera sido especialmente concebido para el culto o la enseñanza de esta compleja simbología.

Los petroglifos que llamamos prehistóricos no representan lo que vemos, sino que, tratan de representar ciertas ideas y conceptos. Así es como, cuando contemplamos un motivo como la swástica, tenemos que admitir que se trata de la misma representación solar que nos sugiere el arte religioso tibetano o el griego. Los círculos concéntricos, la serpiente, la cruz, responden respectivamente a representaciones sagradas y cósmicas como los puntos cardinales.

Hay siempre en estas representaciones motivos que se repiten y que tendríamos que tener presentes a la hora de tratar de interpretarlos. Uno de ellos es la reiterada presencia de una línea que une el centro de círculos o de laberintos con el exterior. Tal vez, este eje grabado que conecta el interior y el exterior de estos motivos atravesándolos sea la ruta simbólica que ha de seguir el hombre para alcanzar un estado de conciencia más elevado. En cuanto al laberinto, antes citado, constituye uno de los símbolos universales por excelencia, con testimonios que van desde estas representaciones prehistóricas hasta los laberintos que encontramos en los jardines renacentistas, pasando por los que encontramos en las catedrales medievales. La significación es siempre la misma y no tiene porque ser distinta en los petroglifos: la eterna búsqueda del conocimiento hermético que fundamenta el Cosmos y lo sagrado.

Por otro lado, desde el punto de vista académico se proclama que en los tiempos en que se grabaron estos peñascos el ser humano no sabía escribir. Pues bien, quizás tendríamos que replantearnos esta aseveración a todas luces obsoleta. ¿Qué es la escritura sino la expresión gráfica de un pensamiento o de un concepto? ¿Y qué son las figuras grabadas en estas piedras, una vez descartada la simple reproducción de imágenes concretas, sino expresiones inmediatas y convencionales de ideas, creencias, estados de ánimo o conocimientos cuya auténtica dimensión aún ignoramos?

Si nos acercamos a la isla de El Hierro y nos asomamos a las saqueadas laderas basálticas del Julan, hace no muchos años repletas de signos con presumibles reminiscencias bereberes, nos percataremos de que aquella variada simbología no puede ser más que la expresión escrita de un largo mensaje dirigido a no sabemos quién en medio del océano atlántico. La apatía de las autoridades que debieran haber protegido el yacimiento primero y la destrucción sistemática llevada a cabo por insensatos buscadores de recuerdos o traficantes de antigüedades después han esquilmado el yacimiento arqueológico hasta hacer imposible una reconstrucción siquiera aproximada de lo que aquellos signos querían decir ni a quién o a quiénes iban dirigidos.

Pero una cosa es cierta, sin que nada ni nadie pueda desmentirla: el ser humano solo lleva a cabo los mayores esfuerzos cuando está en juego la expresión de su verdadera identidad. Solo una búsqueda firme de esta es capaz de causar la imperiosa necesidad en un gran colectivo de construir una colosal pirámide. Solo un sentimiento cósmico puede dar como resultado la maravilla de Teotihuacan, la emoción de Chartres, el esfuerzo sobrehumano de la Gran Muralla China. Solo la necesidad de expresar algo realmente importante pudo dar como resultado el inmenso panel basáltico donde se grabaron los mensajes del Julán.

En esa búsqueda y en esa necesidad urgente de expresar la propia identidad se encuentra el secreto de los petroglifos prehistóricos, el esfuerzo sobrehumano que demandó el levantamiento de los dólmenes o de la Gran Pirámide de Egipto. Las culturas no son más o menos avanzadas de acuerdo con la perfección de sus obras, sino conforme a la necesidad de los seres humanos por expresar sus ideas a las generaciones venideras, dejando testimonio de su paso por el planeta[29].

RETRATANDO EL UNIVERSO

El anciano maestro recuerda a su joven discípulo con emoción. Sabe que esa noche los dioses se mostrarán receptivos. Como antaño hiciera su maestro, ahora le toca a él elegir al discípulo que heredará los secretos de la escritura del Cosmos. De repente, en medio de sus pensamientos, un jadeo demanda su atención. Sus cansados ojillos oscuros apenas logran atisbar una silueta que avanza decidida desde

---

[29] La referencia de este texto la encontrarán en el número 7 de la desaparecida revista Misterios de la Arqueología (Editorial Lincro, Madrid 1997) en la que su autor expuso las conclusiones de sus investigaciones de campo con la publicación de un dossier especial denominado Noche de Piedra. El especial contenía un extenso reportaje al que se le había asignado erróneamente la autoría de otro autor cuando en realidad se trataba de un trabajo realizado por Tomás Martínez Rodríguez en exclusiva para Misterios de la Arqueología.

las profundidades del bosque hasta donde él se encuentra. Despreocupado la sigue con la mirada. La figura humana avanza ágil pero cautelosa en medio de un crujir de ramitas y hojarasca, señal de que el otoño está llegando a su fin. Por fin, de la penumbra del bosque surge la inconfundible imagen de su discípulo más notable. A pesar del frío nocturno el joven dirige sus pasos, totalmente desnudo, hacia el claro de luna en el que los iniciados, generación tras generación, lavan sus impurezas con la tenue luz de la Luna llena. Después el maestro encenderá una pequeña fogata y arropará a su discípulo con una cálida piel de lobo, cambiará su nombre y, durante meses, le instruirá en el noble arte de la escritura, lectura y codificación del grabado sobre piedra. Cuando el anciano intuya su muerte el iniciado se convertirá en sacerdote, pudiendo entonces utilizar la escritura sagrada como mediador entre la tribu, los dioses y las fuerzas que pueblan el Cosmos.

Hace unos cuatro mil años esta podría muy bien ser una escena corriente entre los pueblos primitivos de la Europa atlántica. Aquellos pueblos practicaron otra forma de expresión arqueoastronómica fascinante.

Los hombres del pasado también plasmaron sus conocimientos astronómicos en otros soportes menos espectaculares, pero igual de sorprendentes por la información que contienen. La arqueología ha deducido el código de numerosas muestras rupestres de este género. El testimonio más antiguo de estas características lo encontramos en la localidad francesa de Mas d`Azil. Allí, hace unos diez mil años, los azilienses pintaron signos geométricos en la superficie de enormes cantos de río que, aparte de su posible significado, pudieron evocar algunas constelaciones y estrellas.

Este petroglifo de
Laxe das Rodas
fue interpretado
por Alonso Romero como
un calendario lunar.
Durante la operación
arqueológica "Galiza,
noite de pedra" se
encontraron similitudes
con otros yacimientos
como el de Callanish
(Escocia).

El investigador italiano Mario Zanot, entre otros estudiosos, es de esta opinión. A su juicio, estos guijarros pintados de ocre se parecen mucho a los que actualmente colorean los aborígenes australianos como representación del dios supremo de los cielos.

Nuestros antepasados también supieron plasmar en el arte rupestre, sobre piedra o hueso, el cómputo lunar. En el Pirineo Navarro, los azilienses dejaron un testimonio menos vago de sus conocimientos astronómicos. En el interior de la cueva de Abris de la Viñas, por ejemplo, encontramos una pintura en la que destaca una figura antropomorfa que muchos arqueoastrónomos han interpretado como la representación de una especie de dios lunar, en torno al cual se distinguen treinta puntos irregulares, que no son otra cosa que los movimientos de nuestro satélite natural durante un periodo de treinta días.

También hemos podido interpretar las incisiones del colmillo de mamut encontrado en Gontzi, Ucrania, como indicadores de las cuatro fases de nuestro satélite. Su anónimo diseñador resolvió el problema del mes lunar. Como he indicado, este es de poco más de 29 días. En el colmillo ucraniano, el dilema se resuelve calculando —alternativamente— un mes de 30 días y otro de 29, solución que aplicarían los astrónomos sumerios siglos más tarde.

Los puntos pintados en la pared de la cueva española de Canchal de Mahoma, en el Pirineo, también nos sugieren la comprensión de estos mismos ciclos. Aquí se indican las cuatro fases de la Luna y el número de los días y semanas. De este modo —según Zanot— a nuestros ancestros les resultaba cómodo calcular cuánto tiempo transcurría desde un plenilunio al siguiente, dándose cuenta de que mientras el astro de la noche alcanzaba, mes tras mes, una posición cada vez más alta en el cielo, en la Tierra los árboles perdían sus hojas, empezaban las primeras lluvias y, finalmente, llegaban los hielos invernales.

Otro ejemplo interesantísimo se encontró en Les Eyzies, Francia. Se trata de una tablilla de más de 300 siglos de antigüedad en la que aparecen 69 incisiones, cada una con un diseño diferente, adquiriendo el conjunto un aspecto de serpentina. Bajo el microscopio, los signos de la tablilla adquieren de inmediato sentido astronómico. Los trazos representan las diferentes fases de la Luna. Para los arqueoastrónomos que han estudiado dicha pieza, la intención perseguida por su creador fue que sirviera como "libreta prehistórica" en la que se anotaban las distintas fases a lo largo de un periodo de dos meses y diez días.

En España, el petroglifo gallego de *Laxe das Rodas* podría ser el calendario rupestre más perfecto y bello de la

¿Es este petroglifo un calendario lunar como el de
Laxe das Rodas (Galicia, España)? Los expertos todavía
no se han puesto de acuerdo.
(Foto: Tomás Martínez)

península ibérica. Esta hermosa muestra ha sido interpretada
como un almanaque lunar por el investigador Fernando
Alonso Romero y es un paradigma del conocimiento alcanzado por los canteros que diseñaban estos grabados.

Datado entre las Edades del Cobre y del Bronce, su
existencia ilustra la perpetuación de una religión de las estrellas. Considero este ejemplo como una prueba inequívoca de
una creencia astrológica basada en el concepto de rueda
temporal, lo que explicaría la similitud con otros yacimientos desperdigados por toda Galicia, donde esta figura es la
protagonista.

Este panel de Paraíba (Brasil) contiene una valiosa información
astronómica: la representación del zodiaco completo. Algunos de
estos motivos son muy similares a los
petroglifos gallegos.
(Foto: Pablo Villarrubia)

El motivo está compuesto por dos ruedas, dispuestas
una sobre la otra. La primera destaca sobre la inferior, mucho
más pequeña. Esta forma presenta, por tanto, dos círculos
concéntricos. El mayor de ellos está rodeado de 47 pequeños
agujeritos —conocidos con el nombre de cazoletas— mientras que el otro representa una doble espiral, rodeada a su vez
de 65 cazoletas.

Pero esta manifestación plástica no responde a ningún
canon ornamental. Cada uno de los elementos representados
tiene un significado astronómico. Los círculos concéntricos
—conocidos con el nombre de *Altar das Oferendas*— consti-

tuyen un calendario de cuatro años, mientras que la doble espiral indica un lapso de cinco. La suma de ambos representa la mitad del ciclo lunar de 18 años; es decir, 9 años. Las 47 cazoletas que rodean el motivo de *Altar das Oferendas*, más la enorme cazoleta central de este petroglifo, suman un total de 48, representación de los 4 años de 12 meses que simboliza este motivo, si añadimos las otras 4 cazoletas de tamaño medio, algo aisladas del resto, cuya misión sería la de confirmar los años transcurridos y completar el ciclo anual de 12 meses lunares de 28 días con el añadido de un mes suplementario, característico de los calendarios lunares, que así lo hacían coincidir con la duración del año de 365 días.

Finalmente, la doble espiral representa los 12 meses básicos del año repartidos en dos partes. La espiral superior se compone de 7 más pequeñas, cada una de las cuales representa los primeros 7 meses del año. La inferior representa los 5 meses restantes. La actual división enero-diciembre es caprichosa y moderna y no era conocida por los canteros autores de este grabado.

Rodeando este conjunto, las 65 cazoletas son la suma de los meses transcurridos en 5 años, por lo que, en este segundo calendario, cada ciclo anual es de 13 meses, que fueron hábilmente grabados por el cantero prehistórico en forma de 13 cazoletas[30] centradas entre las dos espirales. De todo esto se deduce que en este calendario de 5 años —también confirmados por 5 cazoletas de diferentes tamaños— cada mes constaba de 28 días que, al ser multiplicados por 13 meses, nos dan un total de 364 días solares, observándose un margen de error aparente de 6 días en dicho periodo de 5 años respecto al ciclo solar real.

---

[30] Agujeros sobre la roca.

A pesar de la inexactitud del año solar, *Laxe das Rodas* representa el esfuerzo astronómico ibérico más notable de la Prehistoria. Fundamentalmente, por el hecho de guardar una estrecha armonía con la funcionalidad astronómica.

En este sentido hay que aclarar que no todas las expresiones rupestres de carácter astronómico eran computadoras de piedra. Otros petroglifos o pinturas representan desde porciones del cielo nocturno de hace miles de años, hasta acontecimientos celestes extraordinarios. En Paraíba, Brasil, encontramos petroglifos que reproducen las principales constelaciones del zodiaco en el que pasa por ser hasta ahora el yacimiento petroglífico más espectacular del planeta. El monolito en cuestión está recubierto por algo más de medio millar de bajorrelieves[31]. Los arqueólogos brasileños conocen este importante yacimiento rupestre con el nombre de *Pedra do Ingá*.

Hace muchos años, el controvertido escritor suizo Erich von Däniken encolerizó a los arqueólogos brasileños al afirmar que los extraterrestres habían realizado estos profundos grabados con la única ayuda de sus armas láser. En realidad, la sensacional solución del escritor europeo, estaba más cerca de la fantasía que de la auténtica realidad. Aunque todavía se desconoce con absoluta certeza la técnica utilizada para realizar los impresionantes petroglifos de la Piedra do Ingá se sabe que sus autores fueron una entidad cultural humana desconocida, de la que desgraciadamente no posemos ningún referente histórico[32].

---

[31] MAUSO VILLARRUBIA, Pablo. *Misterios do Brasil*. São Paulo: Mercuryo Editora, 1997.

[32] Se ha llegado a especular con la posibilidad de que sus autores fueran hititas, fenicios, egipcios o pueblos precolombinos. Lo único que se sabe con certeza es que cuando los conquistadores portugueses llegaron a estos lares, los indígenas ignoraban como llevar a cabo una obra rupestre de estas características y por supuesto desconocían quiénes habían sido los misteriosos autores de Pedra do Ingá.

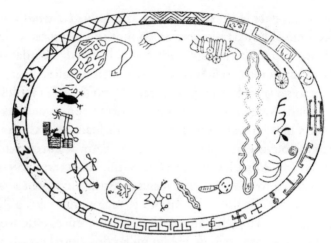

Algunos investigadores cariocas creen que estos dibujos
representan estrellas, constelaciones e incluso
hasta cometas y otras efemérides celestes.

Los grabados de la Pedra do Ingá se insculpieron con
una técnica depurada. Aunque desconocemos los detalles, los
contornos de los diseños denotan una técnica de grabado
muy perfeccionada.

Su superficie está plagada de una rica amalgama de motivos rupestres que abarcan desde los de ejecución más simple,
como pueden ser las espirales, las cazoletas, hasta las figuracio-
nes más o menos complejas. Son símbolos que —con
certeza— intentan materializar alguna idea, lo que ha llevado
a interpretaciones relacionadas con las primeras formas de
escritura. Los recursos de expresión utilizados en los paneles
del yacimiento brasileño nos hacen suponer que la inteligencia que originó esta manifestación lo hizo con una clara voca-
ción comunicativa. El conjunto de ideogramas representa la
tendencia de una enigmática identidad en su deseo de tras-

cender en el tiempo con un mensaje que en parte ha sido interpretado por los arqueoastrónomos de aquel país.

En los años 70 aparecieron los primeros trabajos que relacionaban el monolito brasileño con las estrellas; es el caso del trabajo, escrito siete años antes, por el ingeniero José Benicio de Medeiros.

En él, el erudito brasileño identificó una serie de grabados esculpidos en la laja que en su conjunto se corresponderían con la constelación de Orión. De las catorce estrellas encontradas, once coinciden con la posición relativa a las estrellas de esa constelación. Años más tarde, en 1988, el investigador Gilvan de Brito, en su libro *Viagem ao Desconhecido: Os Segredos da Pedra do Ingá* asociará el inicio de las lluvias con la presencia de la constelación de Orión en el punto más alto del cielo. Las últimas teorías parecen discernir un significado funcional más complejo desde el punto de vista astronómico. El panel vertical de *Itaquataria do Ingá* posee un valioso tesoro: la completa representación zodiacal de las constelaciones visibles en aquellas latitudes a lo largo de la eclíptica.

De vuelta al continente europeo, y más concretamente al norte de España, en Galicia, nos topamos con representaciones de cometas, constelaciones y hasta supernovas. Este último hecho fue corroborado en 1993 durante la primera campaña de la operación arqueológica denominada Galicia, noche de piedra y está relacionado con una espectacular efeméride astronómica, objeto de numerosos estudios científicos en todo el globo.

En tierras de Bayona y oculta entre la maleza se encuentra una laja granítica de tamaño medio, conocida con el nombre de *Laxe dos Campos*. Lo representado es, según los catálogos oficiales, un simple modelo estrellado. Pero nadie

En la izquierda puede verse uno de los motivos rupestres susceptibles de interpretación astronómica descubierto durante la expedición *Galiza noite de pedra* ¿Es la representación de un cometa? Ese es el caso del símbolo de la derecha. Se trata de uno de los cometas representados en una cinta de seda hallada en Ma Wang Tui (China) en una tumba del siglo II a.C. Resulta desconcertante comprobar las similitudes de ambos temas.
(Foto: Tomás Martínez)

ha caído en la cuenta de que, tal vez, los trazos del diseño conformen la imagen de un suceso astronómico singular.

A mi juicio, cabe la posibilidad de que lo que los arqueólogos gallegos identifican como una licencia artística del anónimo autor, sea en realidad la reproducción rupestre de uno de los acontecimientos astronómicos más relevantes de nuestro pasado: la aparición en una noche del año 1054 de una estrella que brilló más que todas las demás. A muchos kilómetros de distancia, en Nuevo México, los artistas indígenas anazasi también pintaron aquel extraño evento en un abrigo pétreo. En ambos lugares se recogió la instantánea del estallido de una estrella situada a más de 6.000 años luz de distancia.

Este sol que se extinguió violentamente se encontraba en la constelación de Tauro y sus restos en expansión, compuestos por polvo estelar, han adquirido la forma de un cangrejo, nombre con el que es conocida la nebulosa que resultó del colapso gravitatorio de esta estrella masiva. Las dos manifestaciones rupestres han sabido recoger uno de los aspectos más definitorios, y si se quiere singulares, de la nebulosa del Cangrejo: la suave deformidad de los bordes filamentosos, que en ambos casos aparecen en la zona superior de las representaciones. La peculiar huella de identidad de tal fenómeno astronómico fue recreada con extrema fidelidad por ambos artistas. Esta característica ha sido confirmada con los telescopios.

Detalles tan precisos resultan turbadores. Pero un análisis cuidadoso demuestra que aquellos pintores del Cosmos también supieron estar atentos a otras efemérides, como los ciclos cometarios. Estos cuerpos errantes siempre han llamado poderosamente la atención de los sabios antiguos, que durante muchísimo tiempo se preguntaron por su naturaleza.

La primera catalogación cometaria conocida se descubrió recientemente en la localidad china de Ma Wang Tui y pertenece a una tumba del siglo II a.C. Se trata de una larga cinta de seda cubierta de diversas representaciones de cometas. El importante hallazgo arqueológico es, sin embargo, mucho más antiguo que la tumba en la que se encontró; probablemente data del siglo IV a.C.

Lo más insólito del caso estriba en el hecho de que, durante la expedición "Galicia, noche de piedra", pude encontrar los mismos diseños, o muy similares, inscritos sobre la superficie granítica de numerosas lajas galaicas[33].

---

[33] *Año Cero*, nº 174. Reportaje del autor.

Pero volvamos a América. En Varzelandia, Brasil, un extraordinario dibujo rupestre llamó la atención de los arqueoastrónomos tan solo hace unas décadas. Al abrigo de unas cuevas que reciben el mismo nombre del lugar, se descubrió lo que, aparentemente, parece ser la representación de nuestro sistema solar. Llama la atención el hecho de que alrededor del Sol —que en la pintura rupestre aparece justamente en el centro— se hallan representados ocho de los nueve planetas de nuestro sistema en sus correctas posiciones con respecto al Sol. Además, estas representaciones planetarias son tan detalladas que nos muestran la apariencia —en tamaño— de unos planetas respecto a los otros, lo que ha permitido identificarlos sin dificultad. Como era de esperar el único planeta que no aparece registrado es el invisible Plutón; sin embargo, se da el hecho insólito de encontrarnos la representación de la ubicación aparente de algunas de las lunas que acompañan a ciertos planetas como Saturno, Júpiter o Marte.

También en Brasil —ese inmenso y rico país en patrimonio arqueológico— encontramos otros vestigios rupestres con una clara intencionalidad astronómica. Es el caso de las pinturas rupestres de Sete Cidades o las constelaciones de Lagoa Santa, en Minas Gerais. Estos testimonios evidencian y ratifican unos conocimientos inauditos. Tal vez esa sea la razón por la que nuestros antepasados optaron por la creación de formas de expresión tan llamativas y complicadas, con objeto de llamar la atención de su secreta sabiduría.

Capítulo 4

UN MENSAJE PARA LOS DIOSES

De la misma forma que existen monolitos de grandes dimensiones, nuestro mundo posee unos cuantos rincones en los que la arqueología ha encontrado expresiones rupestres de desmesurado tamaño. Se trata de auténticos mensajes al cielo, pues solo desde este se puede captar el signo o motivo que trazan. De entre todos destacan, sin ningún género de dudas, los famosos geoglifos de Nazca, en el sur del Perú.

El término geoglifo fue propuesto en los años 60 para designar los gigantescos diseños zoomórficos, antropomórficos y geométricos realizados en la superficie de uno de los desiertos más áridos del planeta. Los autores de esta fantástica obra rupestre fueron los predecesores de los incas, los indios nazca, que con sus manos e intelecto elaboraron estos gigantescos diseños con escrupuloso rigor matemático.

Este enorme panel de dibujo de unos 520 kilómetros cuadrados de extensión se encuentra entre el Océano Pacífico y los Andes. A pesar de la espectacularidad de estos dibujos y líneas kilométricas, nadie fue capaz de discernir su signifi-

cado ni su función durante mucho tiempo. Hubo excepciones, pero no fructificaron hasta bien entrado el siglo XX.

En efecto, algunos cronistas españoles de los siglos XVI
y XVII hacen referencia a esta manifestación. Cieza de León,
uno de los más reputados, se refiere escuetamente a los
geoglifos lineales trazados por los indios. De hecho, parece
improbable que Cieza de León hubiera podido saber de la
existencia de las alucinantes figuras que se reparten a lo largo
y ancho de la árida meseta nazqueña, pues solo pueden ser
detectados desde una perspectiva aérea. El cronista no se
detiene a valorar las posibles causas que impulsaron a los
indios a realizar estos enormes dibujos sobre el desierto. Se
limitó a tomar nota, de pasada, del insólito hecho.

La siguiente cita que hace mención a las figuras de
Nazca surgió de la pluma del corregidor Luis de Monzón, en
1586. Con posterioridad, transcurrieron más de tres siglos
sin que ninguno de los grandes geógrafos, historiadores y
viajeros que se ocuparon de Perú aludieran al tema.

La investigadora Simone Waisbard cree que la explicación de que los misteriosos diseños de Nazca no fueran divul-
gados durante tanto tiempo fue lo que Cieza de León
describió como la desintegración de la civilización nazqueña
tras la conquista española. Este hecho supuso la pérdida de
esta tradición de "escribir" en las llanuras del desierto.
"Según mis conocimientos —sostiene Waisbard— éstos son
los únicos testimonios que se pueden encontrar, después del
descubrimiento de América, sobre los insólitos dibujos de
Nazca, debido a que todas las gentes del valle fueron diezma-
das por las guerras que se desataron por la posesión de las
tierras"(Waisbard, 103)[34].

---

[34] Waisbard, Simone. *Las Pistas de Nazca*. Madrid: Plaza & Janés, 1980.

Durante más de 300 años las líneas de Nazca permanecieron —como sus momias— enterradas en el más absoluto de los silencios, hasta que en 1926 Julio Tello, pionero de la arqueología peruana, se interesó por este enigma, recordó la referencia de Cieza de León y examinó su breve comentario sobre la existencia de los dibujos. Sin embargo, tampoco Tello supo interpretarlos. Tuvieron que pasar otros trece años más, hasta que llegó a Perú el astrónomo estadounidense Paul Kosok y se comenzaron a desentrañar los secretos de esta extraña manifestación arqueológica.

El caso es que si Julio Tello llegó a rozar el enigma de Nazca por intuición, Kosok lo haría por casualidad. Sin duda, resulta asombroso observar cómo en esta etapa en la cual se inician las indagaciones arqueológicas, los principales protagonistas de las investigaciones acabaron encontrándose por una serie de afortunadas coincidencias.

La matemática y arqueóloga María Reiche Neuman —que finalmente acabó convirtiéndose en la guardiana y mejor investigadora de los dibujos de Nazca, liderando las pesquisas— llegó a Perú en 1932, por motivos ajenos a la arqueología, con un contrato de solo dos años para trabajar como institutriz en la ciudad de Cuzco.

Casualmente en 1934 conoció al doctor Julio Tello, para quien trabajó como traductora durante un tiempo. A su vez, Julio Tello, también puso en el camino de Nazca a Paul Kosok, que en 1940 asistió al Congreso de Americanistas celebrado en Lima. En el marco de este acontecimiento científico, y por medio del arqueólogo peruano, María Reiche también acabará conociendo al investigador estadounidense, que llamará su atención sobre las denominadas pistas de Nazca.

Pero retomemos el hilo cronológico de los acontecimientos. En los años treinta los dibujos de Nazca resultaban algo familiar para los pilotos aéreos dada su similitud con las pistas de aterrizaje. Es probable que naciese aquí el término acuñado por el popular y polémico escritor suizo Erich Von Däniken, quien afirmaba que las pistas eran los restos de un antiguo aeropuerto estelar.

El profesor Kosok llegó a Perú enviado por la Universidad de Long Island para estudiar las obras hidráulicas de los antiguos habitantes indígenas de esta región suramericana. A bordo de un pequeño avión sobrevoló atónito los impresionantes dibujos y líneas, cuyas longitudes oscilan entre los 8 y los 64 kilómetros de largo. Kosok quedó impresionado ante el espectáculo. "Volando por encima de las colinas y llanuras desérticas que bordean el río Grande y sus afluentes —describiría después— se ven extrañas redes de líneas y figuras geométricas." Visibles en varios lugares, a veces se entrelazan de una forma compleja y caótica en una extensión de más de 40 millas y con un ancho de 5 a 10 millas. Las marcas se encuentran sobre una meseta árida, ligeramente sobreelevada. Corren rectas como flechas, en diversas direcciones, a veces algunos metros y otras a lo largo de varios kilómetros. La mayor parte son líneas paralelas dobles, que parecen carreteras con rebordes que sobresalen.

Cuando Kosok descendió del avión y examinó de cerca estas líneas comprobó que no eran canalizaciones hidráulicas, ni tampoco caminos. Y una vez más, de nuevo por una feliz coincidencia, descubrirá la auténtica funcionalidad de los geoglifos de Nazca.

Aquel día histórico, el 22 de junio de 1939, Kosok se encontraba en el centro de una de las líneas en el momento previo al crepúsculo vespertino. Contemplando la belleza de la puesta de Sol, percibió un detalle que turbó su espíritu: el extremo de la línea sobre la que él se encontraba señalaba con

María Reiche
consagró su vida al
estudio de las
líneas de Nazca.
La imagen por
la que más afecto
tenía era la del mono.

exactitud el punto por donde se ocultaba el Sol. Entonces, recordó que el 22 de junio coincidía con el solsticio de invierno en el Hemisferio Sur y que esa línea concreta señalaba el día más corto del año en esas latitudes. En esos instantes, se sintió el astrónomo más dichoso del mundo: había descubierto —al menos— una de las funcionalidades de las llamadas pistas de Nazca.

A tenor de los resultados actuales, no cabe duda de que estamos ante el Zodiaco más grande conocido de la Historia de la Humanidad. Se ha comprobado que los gigantescos triángulos trapezoides y rectángulos no fueron trazados sobre el terreno al azar. Así, los hay que señalizan los solsticios e incluso parecen existir líneas que describen el movimiento de ciertas estrellas.

Sobre este particular se sabe que las líneas más sencillas son la representación de los ejes de los solsticios y los equinoccios; mientras que las solares —menos numerosas que las lunares— denotan un hecho significativo: la supremacía del culto a nuestro satélite natural.

Otros dibujos permiten predecir las posiciones de la Luna y de los planetas. Por su parte, las enormes figuras de animales —cuyas dimensiones oscilan entre los 25 metros y los 275 metros—, como el resto de diseños abstractos diseminados por la meseta desértica, parecen representar constelaciones de especial relevancia para la cultura cosmológica de los Nazca.

Los artistas nazqueños —al igual que otras civilizaciones— imaginaron formas en el cielo nocturno que les sirvieron para identificar y catalogar esos complejos estelares que llamamos constelaciones. Así, por ejemplo, tenemos el famoso colibrí con las alas extendidas, dibujado a gran escala y que solo puede ser apreciado desde mucha altitud. Esta figura representa la constelación de Cáncer. A su vez, el ave conocida como Gran Fragata, y las líneas existentes tras su cola, parecen corresponder a las constelaciones de Monoceros y Géminis; el gran mono Maquisapa, una de cuyas manos tiene cuatro dedos y cuya cola está enrollada al revés, es en realidad la Osa Mayor, y el perro podría estar representando la constelación de Cannis Maior.

Un comentario especial merece la gran araña, de unos 45 metros de longitud, que aparte de su significado cósmico —representa la constelación de Orión— desconcierta a los científicos. En efecto, este dibujo evoca a un tipo de arácnido extrañísimo, que solo se encuentra en las zonas más inaccesibles de la Amazonía. El diseño es tan fiel a la realidad que parece incluir el órgano sexual adosado a una pata y lo más notable es que esta característica morfológica ¡solo es visible al microscopio!

Algunas figuras, sin embargo, no representan constelación alguna, pero describen ciertas efemérides astronómicas. Es el caso de la Parihuana de inmenso cuello de serpiente, anunciadora de las fiestas de solsticio de invierno.

Otro hecho curioso, con claras reminiscencias cósmicas, nos sitúa en el extremo de la meseta, junto al Valle de Nazca, donde los arqueólogos han encontrado restos de tallas y estatuas en la roca. De entre todas ellas destaca una imponente piedra de unos 25 metros de altura, con forma de cabeza humanoide cubierta de dibujos que para algunos simbolizan las cuatro razas humanas. Pero lo curioso reside en el hecho de que muchos de estos grabados realizados en la roca solo son visibles a determinada hora del día o en un contexto temporal determinado y conforme a una serie de posiciones concretas del Sol.

Todo esto resulta muy significativo desde la óptica de aquellos que abogan por la presencia alienígena en el pasado.

Ha habido quien ha sugerido que, tal vez, esos seres que solo se ven en momentos muy concretos sean en realidad representaciones de dioses venidos del espacio exterior. En la década de los 70 estuvieron muy en boga las teorías que vinculaban Nazca con los extraterrestres. Uno de los razonamientos que daba pie a esta interpretación se basaba en que estos geoglifos solo son visibles desde el cielo y que los medios para su realización resultaban un misterio. Pero en 1996, el equipo español de Joan Ventura resolvió esta cuestión reproduciendo fielmente tres figuras de Nazca a tamaño natural, con criterios tecnológicos y matemáticos al alcance de aquella cultura.

EL ENIGMA DESCIFRADO

En 1996, los por entonces colaboradores y redactores de la desaparecida revista *Misterios de la Arqueología y el Pasado* nos vimos sorprendidos con la publicación del reportaje del investigador catalán Joan Ventura, el cual afirmaba haber desvelado el secreto empleado por la cultura Nazca para ejecutar su colosal obra.

Tras doce años de ardua investigación, Joan Ventura, con la ayuda de tres equipos de cinco personas, dibujaron tres figuras de la Pampa de San José a tamaño natural: el espectacular colibrí, la menos conocida orca y el popular arácnido del desierto, de sesenta, treinta y cuarenta y seis metros respectivamente.

El experimento se realizó un 11 de febrero de 1996 en la localidad de Palau de Plegamans y representaba la culminación de más de una década de laboriosos cálculos. Con esta operación, Ventura quiso demostrar, entre otras cosas, que los trazos de Nazca fueron ejecutados con sencillos instrumentos; una precariedad, que sin embargo, contrasta con los profundos conocimientos matemáticos y astronómicos de aquella cultura.

De este modo, Ventura inició su ensayo utilizando estacas de madera diseñadas para marcar los puntos de referencia más importantes, un simple cordel de albañil del que se sirvieron para trazar las alienaciones y yeso para diseñar los trazos. Como muy bien apunta el investigador catalán, en la realización de los trazos el surco fue sustituido por una línea de yeso, con objeto de evitar una pérdida innecesaria de tiempo en la ejecución del experimento. "Con el mismo criterio práctico —comenta Ventura— utilizamos una cinta métrica para medir las distancias, pero manteniendo como medida base el pie de 26 centímetros, unidad de acotación de los planos. Los arcos de circunferencia fueron trazados utilizando el propio cordel como compás. Igualmente, en la búsqueda de ángulos y perpendiculares solamente empleamos cordel y estacas como herramientas de trabajo"[35].

Existen razones de peso que demuestran los profundos conocimientos matemáticos de la cultura Nazca. Así, se sabe que eran muy buenos geómetras, y en palabras de Ventura, "conocían la forma de dividir la circunferencia en seis partes iguales (6 ángulos de 60º) utilizando la medida del radio. Fruto de ese conocimiento o de la utilización del triángulo equilátero, se observa que en las figuras de la pampa el ángulo de 60º y sus subdivisiones de 30º y 15º fueron utilizados con mucha frecuencia"[36].

[35] Revista *Misterios de la Arqueología y el Pasado*. Nº 6, año 1997: Pag. 36.
[36] Revista *Misterios de la Arqueología y el Pasado*. Nº 7, año 1997: Pág. 35.

La peculiar forma de este geoglifo nos recuerda el aspecto
de un candelabro. No obstante, soy de la opinión
que el geoglifo en cuestión podría ser en realidad
la representación artística de un cometa.

El experimento fue todo un éxito y su realización care-
ció de problemas. Los diseñadores de esta colosal obra actua-
ron bajo las órdenes de un maestro que con el plano en la
mano orientaba a los artesanos. La labor de ejecución consistió en indicar los trazos de los surcos. Esas cuerdas estarían
unidas a estacas de madera o serían estiradas por varios
operarios. Siguiendo un plano se dibujaron las figuras por
sectores. Dado que el trabajo final no se podía observar desde
el cielo, las labores de ejecución requerían de la máxima
concentración y precisión; no obstante el entrelazado de

cuerdas debió de suponer un serio problema a la hora de establecer ciertos puntos de referencia. Esta es la razón por la que —a pesar de la espectacularidad de los geoglifos— algunos de ellos tienen leves errores de cálculo. Los miembros del equipo no recurrieron a ningún tipo de tecnología moderna, prescindiendo incluso de la ayuda desde el aire, argumento que durante décadas hizo volar la imaginación de los especuladores más románticos.

A base de estacas, vulgares cuerdas y un plano, los hombres y mujeres dirigidos por Joan Ventura demostraron lo que los antepasados podían hacer con las herramientas más sencillas; sin embargo, el misterio persiste.

En efecto, ¿para quién fue trazado este mensaje? ¿Solo era una representación ritual del Cosmos o hay algo más? Con los pies en el suelo, lo único de lo que podemos estar seguros es que nunca sabremos qué fue lo que realmente impulsó a los nazcas a crear esta impresionante obra. Estos diseños sirvieron a fines astronómicos y muy probablemente solapan otros enigmáticos significados, cuya resolución se nos antoja indescifrable.

Capítulo 5

NÚMEROS CÓSMICOS

Los textos sagrados de algunas de las más importantes religiones del planeta atesoran informaciones astrofísicas en correspondencia con la ciencia moderna. Así, por ejemplo, se da la paradoja inaudita de encontrar datos claros y concisos respecto a la forma del Universo o su edad en los textos hindúes, o informaciones astronómicas solapadas en el *Libro de Henoc* (tema sobre el que volveremos). El análisis de estos manuscritos antiguos cuenta con el respaldo documental que nos brindan los restos arqueológicos de otras culturas como la egipcia, la babilónica o la sumeria, que nos hablan de la forma esférica de la Tierra, de su posición en el sistema solar, de los ciclos de los planetas exteriores e incluso de la existencia de un décimo planeta, al cual la astronomía moderna sigue el rastro desde hace unos años y cuya existencia se postuló sobre la base de ciertos efectos gravitatorios observados en las órbitas de algunos cometas.

Estas anomalías disgustan a la ciencia oficial porque replantean muchos dogmas históricos que ponen en tela de juicio la verosimilitud del pasado que se nos enseña en las facultades. Pero entremos en materia con algunos de los ejemplos más significativos.

En el *Surya Siddhanta*, texto hindú de unos cinco mil años de antigüedad, se describe el Universo como un inmenso globo de estrellas con un diámetro de 19.000 billones de *yohamas*, lo que traducido al sistema de cómputo astronómico moderno equivale a unos cuatro mil años luz. En la misma línea, la religión hindú afirma que un día y una noche de Brahma dura ¡8.640 millones de años! Estamos ante la única religión en la cual las escalas temporales se corresponden con las que maneja la cosmología científica moderna. Evidentemente, para la ciencia oficial todo esto es fruto de la casualidad. Pero casualidad o no, estas evidencias científicas forman parte de la realidad antropológica hindú.

También el descubrimiento de la civilización sumeria trajo consigo numerosas sorpresas de carácter científico. En 1850, durante unas prospecciones arqueológicas, llevadas a cabo por el joven diplomático inglés Layard y su ayudante Rassam, surgen de las profundidades arenosas de la colina de Kuyundjik (cerca de Bagdag) restos de la villa de Nínive y de la Biblioteca de Asurbanipal, con sus más de 30.000 tablillas detentoras de algunos secretos científicos de las diferentes civilizaciones de la época.

Sin embargo, no fue hasta 1873 que otro inglés, apellidado Smith y encargado de la traducción de las tablillas, viajó a este lugar en busca de una tablilla esencial para completar sus trabajos.

Felizmente, poco tiempo después de su llegada al yacimiento arqueológico de Kuyundjik, se haría con la pieza que faltaba en el puzzle, obteniendo de paso un premio extra de otras tres mil tablillas más. Fruto de aquellas campañas exploratorias, sabemos que la civilización sumeria se remonta a unos seis mil años atrás.

Era una sociedad organizada, aunque conocemos poco sobre los orígenes de su proceso tecnológico, cultural y religioso. No obstante, a pesar de esta importante laguna sabemos que tenían una organización política liderada por reyes y sacerdotes, e instituciones jurídicas. Crearon un patrón monetario, inventaron un sistema de escritura silábica que con posterioridad sirvió de base al acadio, construyeron complicados y eficaces mecanismos de riego, elaboraron el sistema de numeración decimal que reemplazaron más tarde por el sexagesimal, desarrollaron las matemáticas con un propósito práctico, crearon un calendario lunar dividido en 12 meses de 30 días y 24 horas. Medían el tiempo con relojes de sol y de agua (clepsidras) y poseían un folklore, una medicina desarrollada y una ciencia astronómica.

No obstante, lo que aquí nos interesa concretamente es lo que se ha denominado la "Constante de Nínive". Lo realmente extraordinario de esta, es que de su análisis matemático se deducen ciclos astronómicos que en parte no deberían tener cabida en aquel contexto temporal. Las tablillas de carácter matemático revelaron el uso —al igual que ocurre en el calendario maya— de cantidades numéricas enormes.

De todas las cantidades contempladas en las tablillas de barro cocido, hubo una que destacó sobre las demás. Se trataba de un número de quince cifras, próximo a los doscientos billones: 195.955.200.000.000.

Inmediatamente, especialistas de todo el mundo trataron de darle una explicación, aunque el esfuerzo no fructificó hasta que apareció en escena el investigador galo Maurice Chatelain. Este se percató, a tenor de algunos vestigios arqueológicos sobre los que luego hablaré, de que los sumerios parecían conocer la existencia de todos los planetas del sistema solar, incluidos los exteriores.

Chatelain comprendió que el enigmático número de Nínive era en realidad un periodo muy largo expresado en segundos. "No necesité mucho tiempo para descubrir que el número representaba exactamente 2.268 millones de días de 86.400 segundos cada uno" (24 horas de 60 minutos de 60 segundos) —comentó emocionado—. Además, el audaz investigador recordó que los sumerios estaban al tanto, al igual que otras culturas cósmicas de antaño, de la precesión de los equinoccios.

Vamos a detenernos brevemente a explicar este fenómeno astronómico por su notable significación e importancia respecto al tema que nos ocupa. A consecuencia del movimiento de peonza que describe el eje de la Tierra a lo largo del tiempo, ciertas constelaciones y estrellas dejan de ser visibles durante unos años al ocultarse bajo el horizonte. Asimismo, por la misma razón, las estrellas polares no son siempre las mismas. Cambian a causa de este movimiento cónico que describe el eje de nuestro planeta como efecto de su rotación y de su traslación.

El movimiento de traslación de nuestro planeta, en torno al Sol a lo largo del año, determina que el punto por el cual este sale cada día vaya desplazándose de tal forma que, cada 30 días, recorre un segmento de 30º. Este desplazamiento del punto por el cual sale el Sol hace que, a lo largo del ciclo anual, vayan cambiando las constelaciones del Zodíaco que sirven de fondo a ese punto en el cual el Astro Rey irrumpe cada amanecer. Este recorrido, por lo tanto, cubre cada mes un signo zodiacal y cada año los 12 signos.

Ahora bien, aparte del movimiento de rotación sobre su propio eje y de traslación en torno al Sol, la Tierra presenta otro pequeño movimiento axial: se trata de un levísimo bamboleo que imprime a nuestro planeta un ligero desplazamiento retrógrado respecto a la dirección de su giro a lo largo del año. Esto supone que el punto por el cual el Sol debería salir en el equinoccio de primavera se retrasa un poco cada año por efecto del mencionado movimiento retrógrado.

Cada 72 años, este retraso cubre apenas 1 grado y cada 2.160 años (72 multiplicado por 30) un signo zodiacal completo de 30 grados. Cada 25.920 años (2.160 por 12), el Sol describe un giro completo de 360 grados en sentido inverso al recorrido anual y vuelve a salir exactamente por el mismo punto donde había salido en el equinoccio de primavera que nos sirve como punto inicial de este gran periodo cósmico.

Este fenómeno se conoce como precisión de los equinoccios. Si el recorrido aparente del Astro Rey a lo largo del ciclo anual determina la duración de los 12 signos del zodíaco, el movimiento retrógrado que denominamos precesión determina las Eras Astrológicas (cada una de 2.160 años de duración) y el denominado Gran Año Platónico.

Actualmente, por ejemplo, el movimiento precesional nos sitúa en un punto intermedio entre la Era de Piscis que estamos abandonando y la de Acuario, en la cual estamos entrando. Como las constelaciones se solapan, no es sencillo decidir en qué momento preciso se inicia una nueva Era.

En mi libro *El Secreto de Compostela* explico que, una vez terminada la ronda solar de la precesión, no se puede tener la seguridad de que nuestra estrella se encamine hacia la misma constelación que le sirvió de fondo 25.920 años antes en el equinoccio de primavera. Se hace necesaria una observación ininterrumpida del cielo a lo largo de casi 26.000 años para estar seguros de lo que pasará a continuación; pero entonces, ¿cuántos ciclos de 26.000 años ha tenido que observar, comprender y registrar el ser humano para establecer este gran ciclo cósmico?

Chatelain tradujo los 26.000 años aproximados que dura la precesión equinoccial a días, obteniendo un total de 9.450.000. Fue entonces cuando, según sus propias palabras, experimentó una de las más fuertes impresiones de su vida: 2.268 millones de días representaban los 240 ciclos de precesión equinoccial, cada uno de los cuáles contiene ¡9.450.000 días!

El número de Nínive era la representación sumeria de los 240 ciclos de rotación por la banda zodiacal expresado en segundos, y no en años o días. Este ejemplo, demuestra que estamos ante la constante del sistema solar de aquella cultura. Pero, además, este número resulta el múltiplo exacto del correspondiente a cualquier fenómeno cósmico, incluso de aquéllos que son invisibles sin medios técnicos adecuados, como es el caso del planeta Plutón.

En efecto, la constante de Nínive contempla el periodo de revolución sideral de este astro exterior, que es de 90.720 días; por lo que cabe preguntarse, ¿quiénes transmitieron el conocimiento de la existencia de Plutón a los sumerios? y, lo que puede resultar aún más asombroso, ¿por qué afirman que hay otro planeta más allá de la órbita de Plutón? Sobre este último particular, llama la atención el hecho de que entre las hipótesis de trabajo más sugerentes de las modernas ciencias del espacio se encuentre, precisamente, la que postula la existencia probable de otro planeta todavía no detectado. En los años 80, reputados científicos rusos propusieron esta teoría para explicar ciertas características de un tipo de órbitas cometarias y la hipótesis ha sido retomada por varios equipos de investigación en la última década del siglo XX.

.

La base para esta afirmación que hacemos se encuentra en otro documento arqueológico esclarecedor de los conocimientos cósmicos de los sumerios: el sello mesopotámico VAT/243. Esta turbadora muestra arqueológica se encuentra debidamente conservada y catalogada en el Museo Estatal de Berlín. Se trata de un sello cilíndrico en el cual se reproduce una escena de probable significado mitológico. En ella se ve a unos dioses entregando un arado —símbolo del conocimiento agrícola— a unos representantes de nuestra especie. Pero lo que resulta verdaderamente sorprendente es lo que aparece en la parte superior izquierda de la imagen: la descripción de nuestro sistema solar, tal como es en realidad de acuerdo con nuestros conocimientos actuales con todos sus planetas y en el orden correcto. Así, en el centro de la imagen vemos una esfera mucho más grande que las demás que representa el Sol y alrededor de este a todos los planetas con una sola diferencia. En la actualidad, entre Marte y Júpiter no hay un planeta, sino el conocido cinturón de asteroides que separa los cuerpos interiores de los gigantes exteriores; pues bien, en el sello mesopotámico este espacio está ocupado por un planeta enorme.

También la moderna ciencia astronómica contempla la probable existencia de este planeta del cual el cinturón de asteroides sería el residual de su desintegración por causas desconocidas. Otros autores piensan, sin embargo, que no desapareció y, por tanto, sigue su viaje alrededor del Sol, aunque en una órbita muy excéntrica que le situaría, durante un prolongado periodo, más allá de Plutón. Zecharia Sitchin ha encontrado indicios en los registros sumerios que hablan de un misterioso planeta al que los sumerios conocían con el nombre de Nibiru. El afamado autor cree saber porqué el misterioso planeta no ha sido percibido en tiempos modernos. La clave de la solución, según él, está en la palabra sumeria sar, que habitualmente aparece ligada a Nibiru. El término significa "Gobernante Supremo", pero además también tiene un significado astronómico que se corresponde con la cifra 3.600[37]. Sitchin cree que esa es la cantidad de años que Nibiru necesita para completar su órbita.

Para valorar la representación del sistema solar de los sumerios con este planeta, debemos recordar que la existencia del mismo en el pasado no fue postulada como hipótesis científica hasta tiempos modernos. Fue solo a partir de la Ley de Bode, formulada en el siglo XVIII y que establece una proporción matemática para determinar la distancia de cada planeta al Sol, cuando se reparó en el hecho de que dicha Ley señalaba que, a la distancia a la cual se encuentra actualmente el cinturón de asteroides, debió existir un planeta en el pasado. En esa misma línea, la idea de que este podría tener una órbita muy excéntrica, como la hipótesis de la existencia de un décimo planeta, son también objeto de estudio por parte de científicos europeos. Alan F. Alford aporta la siguiente reflexión sobre el tema: "Durante los últimos doscientos años, el descubrimiento de nuevos planetas se ha debido más a la ciencia de las matemáticas que a la creación de telescopios mayores y mejores" (Alford, 209)[38]. En efecto, no olvidemos que se supo de la existencia de Neptuno gracias a las irregularidades que mostraba la órbita de Urano. Siguiendo las mismas pautas analíticas los astrofísicos actuales creen que existe un planeta aún no descubierto en nuestro sistema solar, que recibe el nombre de Planeta X. Al parecer,

---

[37] Cuando aparece acompañado por un círculo de notables dimensiones.
[38] ALFORD, Alan F. Los Dioses del Nuevo Milenio. Madrid: Martínez Roca, 1997.

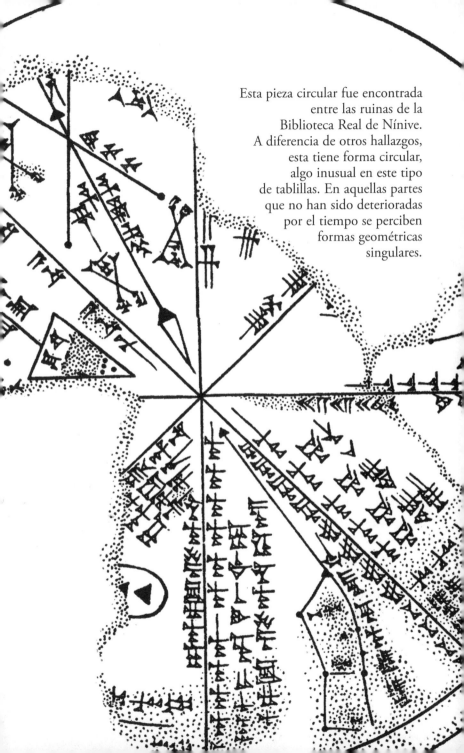

Esta pieza circular fue encontrada
entre las ruinas de la
Biblioteca Real de Nínive.
A diferencia de otros hallazgos,
esta tiene forma circular,
algo inusual en este tipo
de tablillas. En aquellas partes
que no han sido deterioradas
por el tiempo se perciben
formas geométricas
singulares.

las órbitas de Neptuno, Urano, Plutón e incluso —aunque en menor medida— las de Saturno y Júpiter denotan ciertas anomalías e irregularidades gravitatorias claramente indicativas de la interacción de otro planeta en nuestro sistema solar.

UN MAPA ESTELAR DE MILES DE AÑOS

Zecharia Sitchin ratifica la existencia de este cuerpo celeste en base a una serie de evidencias arqueológicas de entre las que destaca una en especial, poseedora según él de la información astronómica necesaria para encontrar el rumbo cósmico de este misterioso planeta (274)[39]. El autor, profundo conocedor de las lenguas semíticas y europeas, ha abierto desde 1967 la ventana de la discordia al dar a conocer la que pasa por ser la evidencia arqueoastronómica más desconcertante de la civilización mesopotámica. Como el resto de testimonios, sobre los que ya nos hemos referido, la muestra arqueológica de la que hablaremos a continuación, también se desenterró de entre las ruinas de la Biblioteca Real de Nínive. El objeto que desde entonces enfrenta a los partidarios y detractores de las tesis astroarqueológicas clásicas es una tablilla de arcilla con caracteres cuneiformes, que como otras muchas tablillas sumerias es —según Sitchin— una copia asiria de una tablilla sumeria anterior. A diferencia de las demás, la misteriosa muestra presenta una inusual forma circular. El primer informe científico de la muestra data de 1880 y ya entonces los expertos de la *British Royal Astronomical Society* mostraron su expectación ante lo que

[39] SITCHIN, Zecharia. *El Duodécimo Planeta*. Barcelona: Obelisco Ediciones. 2002.

consideraron como un objeto de indudable valor astronómico. De hecho algunos consideraron el disco como una
especie de planisferio estelar. Lo que les hizo intuir un cierto
significado técnico fue la presencia de ciertos signos cuneiformes que sugieren medidas. Algo más de un siglo después, la
placa sigue levantando ampollas entre los miembros de la
comunidad arqueológica internacional. El paso del tiempo
no ha hecho sino ratificar el carácter astronómico de la pieza
al comprobarse que los nombres que aparecen en los ocho
segmentos del disco evocan a los cuerpos celestes de nuestro
entorno. Es más, todos los indicios invitan a considerar muy
seriamente las —en apariencia— extravagantes teorías astroarqueológicas. El brillante análisis que hace Sitchin de la
placa despeja toda duda: lo que se nos revela aquí es un mapa
técnico de navegación aeroespacial.

Las primeras interpretaciones de la tabla provocaban un
cierto desasosiego en los especialistas al no poder descifrarlas
con claridad. Zecharia Sitchin cambió el método analítico y
el resultado no se hizo esperar: al leer las inscripciones a lo
largo de las líneas —que discurren en ángulos de 45
grados— no como signos lingüísticos asirios, sino como
palabras silábicas sumerias, el disco de arcilla comenzó a reve-
lar sus increíbles secretos.

La inclinación de 45 grados parece indicar las instrucciones a seguir para aquel que pilote una aeronave y que
desee descender desde un punto señalado en las inscripciones
como "alto, alto, alto", debiendo pasar para ello a través de
"las nubes de vapor". En el disco todas las instrucciones
cobran sentido desde la perspectiva del pilotaje. Desde esta
óptica la lectura atenta de las inscripciones cobra sentido.
Cuando dice "preparen, preparen, preparen" se invita a los
astronautas a que tengan sus instrumentos en orden antes de

la aproximación final. "Después —en palabras de Sitchin— cuando se acercan al suelo, los "cohetes, cohetes" se encienden para detener la nave" (278). Las palabras "remontar" y "montaña, montaña" podrían ser órdenes destinadas a evitar que la aeronave se estrellara, en su trayecto hacia el punto de aterrizaje, contra las montañas, a las que precisamente deberá remontar por encima. Según Sitchin la información facilitada en este segmento evoca con claridad las instrucciones a seguir en un viaje espacial rutinario del Dios Enlil.

El análisis del resto de segmentos ratifica la revolucionaria idea expresada por Sitchin, así resultan altamente significativas las lecturas de otros segmentos triangulares del disco. En ellos encontramos la inscripción *shu-ut il Enlil* que hace referencia explícita al carácter pragmático y funcional de unas instrucciones de navegación utilizadas por Enlil en su ruta cósmica; razón por la que no nos debe de extrañar la traducción de la inscripción: "Camino del Dios Enlil".

Por otro lado, la tablilla recoge dos nombres: *Dil.gan* y *Apin*. La primera palabra significa "la primera estación", mientras que la segunda denominación significa, literalmente, "donde se establece el curso correcto". Resulta evidente, que ambas expresiones hacen mención expresa de los puntos a seguir en el itinerario aéreo.

El disco de arcilla recoge otras inscripciones alusivas a órdenes de vuelo, tales como "tomar, tomar, tomar"; "lanzar, lanzar, lanzar"; "completar, completar"; "observar el sendero y el alto suelo"; "tierra llana"; "cohete, ascenso, planear"; y por primera vez se observan ¡cifras numéricas!: "40, 40, 40"; "40, 40, 20, 22, 22"; "canal, canal… 100 100 100 100 100 100 100"…

Todos estos datos resultan turbadores y eso que no hemos hecho otra cosa que empezar a desvelar unas cuantas anomalías. En cualquier caso, desde mi punto de vista, lo realmente significativo es que los restos arqueológicos examinados evidencian que la antigua cultura sumeria poseía unos conocimientos astronómicos que estaban fuera del alcance de sus medios técnicos de observación y que ellos mismos atribuyeron a los dioses. ¿Cómo consiguieron datos tan precisos sobre el sistema solar en unos tiempos en los cuales únicamente podían identificarse cinco planetas visibles? ¿Quiénes instruyeron a nuestros antepasados en esta compleja e intrigante visión del Cosmos? ¿Por qué razón poseían manuales de vuelo en un tiempo en el que el hombre solo podía soñar con volar con sus propios medios?

Existen indicios plausibles de las supuestas visitas que una poderosa y tecnificada civilización realizó en el lejano pasado para instruir a los hombres. Aquellos instructores fueron recogidos en numerosos mitos y tradiciones de las principales entidades en las que germinó la civilización tal y como la conocemos. Aquellos seres fueron considerados dioses, ahora solo nos queda determinar su auténtica naturaleza.

Capítulo 6

No somos los primeros

En octubre de 1922, el diario estadounidense New York Sunday American se hacía eco de una extraña noticia. Un ingeniero de minas, aficionado a los fósiles, había encontrado por pura casualidad la huella petrificada de una supuesta suela de calzado sobre una piedra caliza del periodo triásico. El inusual descubrimiento había tenido lugar en el condado de Pershing, en Nevada, en un lugar conocido con el nombre de Fisher Canyon. La misteriosa pisada presentaba incluso débiles señales de costura. Dado que no existían zapateros en la época de los dinosaurios ¿quién diablos confeccionó el calzado que imprimió esta huella?

Corría el año 1968 cuando otro aficionado a los fósiles, el señor Willian J. Meister —un "cazador" de trilobites—, se topó con otro turbador hallazgo mientras rastreaba un yacimiento geológico del Cámbrico en el estado norteamericano de Utha. Unas huellas de calzado de ¡500 millones de años! Me hubiera gustado ver la cara de este buen señor al descubrir la impronta de unos zapatos que se habían posado sobre una superficie en la que, según la ciencia oficial, estaban desembarcando los primeros invertebrados, peces y anfibios.

En 1959, durante una expedición paleontológica chino-soviética, el doctor Chow Ming Cheng extrajo de las entrañas del desierto de Gobi lo que parecía la huella fosilizada de un calzado artificial, que formaba parte de una capa geológica datada en unos 2 millones de años de antigüedad y resultaba muy similar a las impresas sobre la superficie lunar por los astronautas de las misiones Apolo (Tomas, 113)[40]. Al igual que en los anterior hallazgos, se supone que el hombre moderno aún no había hecho acto de presencia en el planeta y sin embargo...

¿Quiénes están detrás de estas huellas? Dos deducciones se imponen: o fue el hombre, que apareció sobre el planeta millones de años antes de lo que admite la ciencia, o fueron visitantes cósmicos, que descendieron a él en tiempos remotos (Tomas, 104). Ambas posibilidades son igual de fantásticas, pero ¿podrían estar sustentadas en pruebas fidedignas?

En la reciente historia de la ciencia persisten ciertas anomalías que nos ponen tras la pista de un legado científico y tecnológico que en teoría no debería de haber existido en épocas tan lejanas. Estas extrañas evidencias pueden ser justamente consideradas como pruebas tangibles de un origen ancestral de la ciencia y, en última instancia, un eslabón más de los enigmáticos dioses-instructores que se seguirán dando cita en las páginas de este libro.

Andrew Tomas, en su libro *We are not the first* se hacía la siguiente reflexión: "¿No es extraño que los antiguos mayas llamaran por el mismo nombre a la constelación que nosotros conocemos como Escorpión? Orión, o el Cazador, de

---

40 TOMAS, Andrew. *No somos los primeros*. Barcelona: Plaza & Janés, 1974.

Babilonia, Egipto y Grecia, tenía un nombre similar en China: el Cazador de la cacería de otoño. Nuestro Acuario se repite en el Dios mexicano Tlaloc, el Señor de las Lluvias" (Tomas, 113).

Por extraño que parezca el signo zodiacal chino del Carnero encuentra su réplica, con el de Aries, en el zodíaco babilonio. El Buey chino encuentra su análogo occidental en Tauro. El équido propio de la astronomía china se convierte en Egipto y Babilonia en Sagitario. De la misma manera encontramos semejanzas zodiacales en los nombres de las constelaciones. Así por ejemplo, mientras el calendario azteca tiene los días del Lagarto, el Conejo, la Serpiente, el Perro y el Mono, el calendario chino tibetano posee los años de la Serpiente, del Dragón, el Conejo, el Perro y el Mono. ¿Casualidad? Sinceramente, no lo creo. Parece como si las culturas primitivas de la Tierra hubieran echado mano de un conocimiento astronómico universalmente compartido.

Entre los años 1938 y 1939, el arqueólogo alemán Wilhelm König, durante una de sus rutinarias excavaciones en Kujut Rabua —un pequeño pueblecito al sudeste de Bagdad—, se encontró de bruces con lo extraordinario. Con cierta perplejidad, desenterró lo que en un principio había tomado por vasijas de barro de dos mil años de antigüedad. Después, con más calma, un estupefacto König comprobó que las vasijas —de unas seis pulgadas de altura— contenían un cilindro de cobre. Sus bordes estaban soldados con una aleación de estaño y plomo al sesenta y cuarenta por ciento. La parte superior e inferior de la estructura cilíndrica estaba sellada con betún. La parte alta se caracterizaba por tener unas varillas férreas en el centro mismo de los cilindros de cobre y, lo más fascinante, la aleación mostraba claros signos de corrosión a consecuencia de una solución ácida, lo que significaba que habían sido utilizadas ¡cómo pilas! Años más

Batería eléctrica ideada en Babilonia hace dos mil años.

tarde, con objeto de comprobar si éstas habían resultado útiles, Willard Gray de la *General Electric Company*, hizo una réplica de las vasijas originales, llenándolas con sulfato de cobre en sustitución del electrolito desconocido que el tiempo se había encargado de evaporar. Sorprendentemente, la pila funcionó. A la vista de este descubrimiento, se puso de manifiesto el tipo de conocimiento que discretamente manejaba cierta casta sacerdotal egipcia. Estas vasijas, capaces de generar electricidad, explicarían las supuestas representaciones de "bombillas" del templo de Denderah.

Siempre habíamos creído que el control sobre esta fuente energética tenía su génesis en la era moderna. El descubrimiento de Kujut Rabua pone de nuevo en tela de juicio nuestra idea del pasado. También en Egipto los arqueólogos han desenterrado las pistas de un conocimiento óptico avanzado en la antigüedad. La afable representación del rostro de Ka-aper, personaje de la V Dinastía, posee unos ojos elaborados en alabastro, con dos lentes de cristal plano-convexas en el centro, talladas con absoluta perfección. Los puntos negros pintados en la cara posterior de las lentes, se agrandan, convirtiéndose —a los ojos del espectador— en unas enormes pupilas llenas de vida.

Hace algunas décadas, los arqueólogos encontraron un misterioso mango de marfil de un cuchillo predinástico en Abydos, con unos relieves microscópicos que solo pudieron ser ejecutados con la ayuda de lentes de aumento. La muestra fue recuperada por Günter Dreyer y se estima que tiene una antigüedad próxima a los cuatro mil años. Estas evidencias nos hacen pensar que los egipcios poseían conocimientos ópticos relativamente avanzados que fueron debidamente aplicados en las labores topográficas de los monumentos egipcios y en la orientación astronómica de éstos.

Estos sorprendentes conocimientos tienen su expresión más bella en la popular calavera del destino. Se trata de un cráneo de cristal de cuarzo maravillosamente tallado, de tamaño natural y supuestos poderes sobrenaturales. Hace más de mil años, la cultura maya lo utilizó con una clara intencionalidad religiosa, posiblemente adivinatoria. Su elaboración solo pudo ser posible gracias a una notable maestría y conocimiento profundo del tallado óptico[41]. Pero eso no es todo, el cráneo fue sometido —a principios de los años setenta— a diferentes análisis por parte de la compañía esta-

---

[41] Son numerosos los testimonios arqueológicos de tecnología óptica en la antigüedad; así encontramos vestigios de este tipo, en Egipto, en la antigua Grecia y en Roma, en donde, según Robert Temple, estos artilugios se llegaron a diseñar para su utilización bélica.

dounidense Hewlett Packard. Las conclusiones de los técnicos que estudiaron la extraña reliquia arqueológica fueron contundentes. Al parecer, con la tecnología indígena del momento, desarrollar una pieza como esta exigiría de sus artistas algo más de trescientos años de trabajo manual continuado.

Gracias a las pruebas brindadas por la arqueología, sabemos que los mayas carecían de las herramientas apropiadas para elaborar una talla tan perfecta en menos tiempo del indicado por la compañía norteamericana[42]. Además, las observaciones hechas con el microscopio electrónico denotan que para su elaboración, nunca se utilizó hierro. El cráneo, construido en cristal de cuarzo, alcanza una dureza en la escala de Mohs de 7 sobre un máximo de 10, lo que exigiría por parte de sus escultores la utilización de una tecnología basada en herramientas de pulido muy duras, como el corindón (rubí) o en su defecto, el diamante.

Pero volvamos a la tierra de los faraones. En 1898, un equipo de arqueólogos que rastreaba en la tumba de Sakkarah, encontró un objeto al que posteriormente pusieron la etiqueta de "pájaro". Durante medio siglo, la peculiar pieza —que ostentaba el número de 6347— estuvo expuesta, en compañía de otras "aves", en las vitrinas del Museo Egipcio de El Cairo. Por razones que ignoramos "hoy en día es imposible ver el pájaro que tan popular hizo el investigador suizo Erich von Däniken. La sala 22 del primer piso ofrece desde hace apenas cinco años un insólito vacío en la

---

[42] Aunque su fecha de construcción se estima en torno al 1300 a.C, los indígenas que en 1927 —fecha en que Frederik A. Mitchell-Hedges encuentra el misterioso cráneo— estuvieron presentes en el descubrimiento arqueológico afirmaron que el objeto tenía en realidad la friolera de 3.600 años de antigüedad.

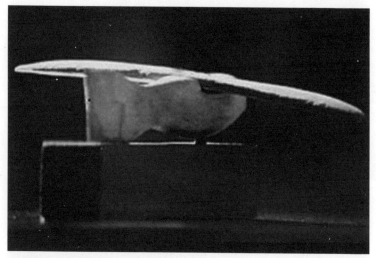

Algunos ingenieros aeronáuticos sospechan que el "Pájaro de Sakkarah" fue en realidad la maqueta de un aeroplano.

ubicación en la que se encontraba el misterioso "pájaro-avión" (Ares, 139)[43]. El Dr. Khalil Messiha, que examinó el objeto, llegó a unas conclusiones incómodas. El objeto, elaborado en madera, con un peso de 39,12 gramos, tiene una envergadura de 18 cm, la proa mide 3,2 cm, el ala derecha mide algo menos que la izquierda, en total 7,65 cm frente a los 7,7 cm de su compañera. Con una longitud total de 14 cm, la formidable talla denota características inusuales en este tipo de representaciones. Así, las alas son completamente planas y posee una cola en forma de aleta levantada verticalmente, lo que sugiere, junto a otras características no menos insólitas, que el pájaro de Sakkarah fue diseñado para

---

[43] ARES, Nacho. *Al Límite. Egipto.* Madrid: Edaf, 2002.

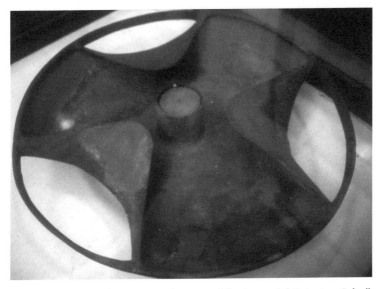

Algunos investigadores especulan que el "volante del Príncipe Sabu" es una pieza de una maquinaria desconocida. Llama la atención el material del que está hecho: basalto, granito y diorita.

planear; eso al menos es lo que afirman sin complejos algunos reputados ingenieros aeronáuticos. El pájaro egipcio evoca la existencia de otros objetos insólitos similares como el artefacto de oro proveniente de una tumba precolombina, y que pese a su edad, estimada en unos 1.800 años, está considerado por muchos investigadores como una réplica exacta de un avión, lo que denota una extraña e inexplicable intuición tecnológica en plena era Precolombina.

Afortunadamente, cualquiera que visite el Museo Egipcio de El Cairo, todavía puede encontrar en sus vitrinas artilugios tan desconcertantes como el "volante" del príncipe Sabu. El extraño artilugio mide poco más de 60 centímetros

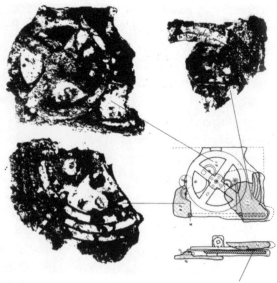

El dispositivo de Antikythera. Una sofisticada simulación de los
cielos. Utiliza ratios fijos de engranaje para efectuar
los cálculos relativos al calendario solar-lunar.

de diámetro y su altura es de 10,6 centímetros; fabricado en
uno de los materiales más duros existentes en la naturaleza, el
esquisto, posee unas características tan peculiares que todavía
hoy se desconoce su utilidad. Tiene forma discoidal, compuesto de tres segmentos cóncavos con forma de solapa que
recuerdan vagamente al aspecto moderno de una hélice. Aún
no se ha resuelto satisfactoriamente el uso que se le daba al
desconcertante "volante" del príncipe Sabu. Hasta la fecha,
existen dos posiciones marcadamente enfrentadas, la más
racional que estima que, aunque raro, el objeto fue diseñado
para servir de pedestal, y la más arriesgada, defendida por
autores como el lingüista e historiador Zecharia Sitchin,

según la cual este artefacto sería una copia de una pieza procedente de una tecnología aeroespacial de origen alienígena.

Otro importante hallazgo arqueológico tuvo lugar cuando un grupo de pescadores de esponjas descubrieron —poco antes de la Pascua del año 1900— el casco hundido de una antigua embarcación griega, en aguas poco profundas, en las proximidades del islote de Antikythera. Los buceadores sacaron del mar un extraño artilugio que durante siglos había dormido el sueño de los justos entre un montón de estatuas de mármol y bronce. Poco después, el doctor Derek De Solla Price, profesor de Historia en la Universidad Norteamericana de Yale estudiaría la pieza. En un principio, pensó que el complejo mecanismo que tenía entre sus manos podía ser una especie de dispositivo de navegación. Un análisis más concienzudo del aparato reveló una funcionalidad mucho más compleja. Según el doctor americano, el aspecto más intrigante del mecanismo —perteneciente al 87 a.C— es la disposición de un sofisticado engranaje diferencial diseñado para medir la disparidad entre las dos rotaciones. Estamos ante un ejemplo muy representativo del nivel que pareció alcanzar la tecnología mecánica grecorromana. Este singular artefacto —la reliquia más antigua existente de una tecnología científica clásica y el único dispositivo mecánico complicado que conocemos de la antigüedad— modifica bastante nuestras preconcebidas ideas sobre los griegos de antaño.

El mecanismo de Antikythera constituye una elegante representación o simulación de los cielos, más parecida a un astrolabio que un antecedente directo de las máquinas calculadoras de Pascal y Leibniz. No obstante —asegura Price— utiliza ratios fijos de engranaje para efectuar cálculos relativos

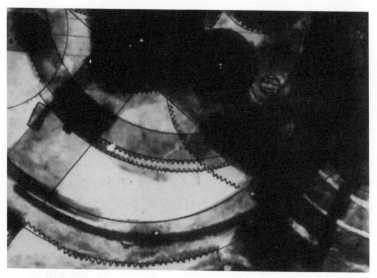

Radiografía del dispositivo donde se ven las ruedas dentadas.

al calendario solar-lunar, y lo hace más empleando lecturas sobre un dial digital que reproduciendo modelos geométricos directos de las trayectorias de los planetas en el espacio. "El mecanismo muestra la secuencia cíclica de conjuntos de fenómenos diferenciados, en lugar de un *continuum* de acontecimientos fluyendo en el tiempo"(Steiger, 143)[44]. La complejidad y perfección del artefacto mecánico no parece corresponderse con los parámetros tecnológicos de la cultura griega de entonces, aunque para el profesor Price, lo más sensato sea reconocer que hemos infravalorado —una vez más— toda la historia de la ciencia griega.

---

[44] STEIGER, Brad. *Mundos anteriores al nuestro*. Madrid: Edaf, 1980.

La columna de hierro de Qutb Minar
(Delhi), no muestra señales de
herrumbre , pese a su antiguedad
de más de mil años.

Existen otros dos testimonios arqueológicos singulares cuya naturaleza intrigante ha generado todo tipo de especulaciones astroarqueológicas. El primero de ellos es un extraño pilar de hierro cuya peculiaridad estriba en el hecho de haber permanecido incorruptible durante miles de años.

Se encuentra ubicado en las proximidades de una espectacular obra de ingeniería antigua, el Qutb-ud-Din (Delhi). Debido a sus proporciones[45] está considerado como el alminar más grande del mundo. La edificación conmemora la victoria de los fieles del Islam sobre los infieles. A unos cientos de metros del alminar se encuentra la misteriosa columna que orgullosa se yergue en el patio de la mezquita de Qwwat-uk-Islam Masjin. La muchedumbre que se aglutina a su alrededor trata de rodear con sus brazos el enigmático pilar, apoyando la espalda y uniendo los dedos de ambas manos. Si lo consigue, la tradición asegura un magnífico porvenir económico y social. Esta columna de hierro que no enmohece habría sido levantada allá por el siglo IV de nuestra era. De 7,20 metros de altura por 0,93 metros de diámetro, nadie conoce su verdadera historia. "Dos tesis afrontan su origen: —comenta el investigador galo Guy Tarade— la primera asegura que, erigida en la época gupta (la disnastía Gupta gobernó la India desde el año 320 d.C. hasta el 540 d.C, periodo considerado por los especialistas como la edad de oro de la cultura clásica india), debía servir de *Dvajastambha*, es decir, de portaestandarte, consagrada a *Vishnu*. La otra nos dice que es una representación de Garouda (la montura volante de Dios), que debía permanecer en su cumbre. Qué lástima que los conquistadores del Islam no la hayan presen-

---

[45] Con una altura que supera los 72 metros y una base de 14,40 metros de diámetro.

tado en su construcción original, porque tendríamos —según la apreciación de Tarade— a la vista el aspecto exacto que debió presentar en la antigüedad este instrumental cósmico del mensajero celeste" (Tarade, 30)[46]. Por increíble que parezca, el misterioso pilar no muestra alteración alguna desde hace siglos. ¿Qué técnica se empleó en su aleación?

El segundo testimonio arqueológico gozó de una extraordinaria fama en la antigüedad y fue considerado uno de los lugares más sagrados del planeta. En el interior de uno de los valles más fértiles del Líbano, el valle de Beqaa, a los pies de sus imponentes montañas al nordeste de Beirut se encuentran las ruinas de Baalbek. Para los romanos Baalbek revestía una especial importancia religiosa y fue considerado como el más importante centro ceremonial de entonces. Esta peculiar visión de este espacio sagrado explica porqué se construyeron los monumentos más espectaculares del Imperio romano en estas latitudes. De entre todas estas construcciones destaca el magnífico templo que dedicaron al Dios Júpiter. Los repetidos seísmos que se han venido produciendo en la zona desde entonces han deteriorado considerablemente el aspecto original del templo.

A pesar de los embates de la madre naturaleza, seis enormes columnas de veinte metros de altitud se yerguen hacia el cielo orgullosas y desafiantes. Su sola visión nos hace intuir el espectacular aspecto que debió tener la ciudad en los tiempos del Imperio. Ahora bien, lo intrigante de este lugar está en lo que hay debajo de la ciudad. En efecto, los templos romanos se construyeron sobre una plataforma artificial mucho más antigua. La solidez de la estructura invitó —tanto a griegos

---

[46] TARADE, Guy. *La Pista de los Extraterrestres*. La Coruña: Editorial Everest, 1987.

como romanos— a edificar sus construcciones sobre esta enorme mole pétrea. Las columnas del antiguo templo dedicado a Júpiter se asientan sobre un muro inferior formado por monolitos de 300 toneladas.

Así lo explica el investigador Alan F. Alford: "En la parte sudeste de la terraza preromana puede verse una nueva hilera de bloques, cada uno de los cuales mide 10 por 4 por 3 metros y pesa más de 300 toneladas. En el mismo nivel del contiguo muro del sudoeste, vemos otros seis bloques de 300 toneladas, sobre los que se ubican tres enormes bloques megalíticos a los que se da el nombre de "El Trilitón" o "La Maravilla de las Tres Piedras" (Alford, 81-82)[47]. Lo asombroso de esta estructura no es tanto su espectacular tamaño[48] y su peso, que supera con creces las setecientas toneladas, sino su exacta colocación. Michel Alouf, conservador durante décadas del yacimiento comenta al respecto:

"A pesar de su inmenso tamaño, las piedras del Trilitón están colocadas en su lugar con tanta precisión y unidas de un modo tan cuidadoso, que es casi imposible introducir una aguja entre ellas" (Alford, 81-82). En ocasiones, como pasa con la denominada Piedra del Sur, el peso de estas compactas moles pétreas se aproxima a las mil toneladas de peso. Esta enorme laja está abandonada a su suerte en lo que antaño debió ser la cantera de trabajo, y se encuentra a medio kilómetro de distancia de las fabulosas ruinas. Independientemente de los problemas que plantea su transporte, considerando el peso y tamaño de las muestras los arqueólo-

---

[47] ALFORD F. Alan. *Los Dioses del Nuevo Milenio*. Madrid: Editorial Martínez Roca, 1997.

[48] De hecho, cada una de estas piedras alcanza con facilidad los veinte metros de longitud, con una altura que supera en poco los cuatro metros y un espesor de 3,5 metros.

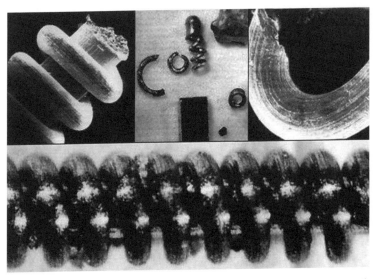

Estas espirales encontradas en depósitos geológicos de unos cien mil
años de antigüedad revelan la presencia de una tecnología
inverosímil en un pasado muy lejano. De hecho, algunas espirales,
como las de la foto, alcanzan los 0,03 milímetros de largo.

gos se devanan los sesos tratando de discernir las técnicas y
desconocidas herramientas involucradas en una operación de
tal envergadura. ¿Cómo se introdujeron las piedras del
Trilitón en el muro? ¿Con qué medios se elevaron a más de
seis metros del suelo, sin argamasa y con tanta precisión sin
que ninguna de ellas resultase dañada? ¿Quiénes construyeron estos muros pétreos? Las tradiciones de los pueblos limí-
trofes hablan de poderosos gigantes, de dioses e incluso de
personajes bíblicos antediluvianos.

En 1992 unos geólogos rusos buscaban oro en la zona
de los Urales cuando en una de sus prospecciones se toparon
con unas extrañas piezas nunca antes vistas. En contra de lo

que pensaron en un principio no es un hallazgo aislado, en otros lugres próximos a las orillas de los ríos Kozim, Balbanju y Narada se han encontrado centenares de estos extraños objetos. La mayor parte de estos artilugios están hechos de cobre, volframio o molibdeno y tienen forma de espiral. En ocasiones apenas alcanzan los 0,03 milímetros. Un vistazo al microscopio revela una manufactura altamente sofisticada, inalcanzable para cualquier entidad prehistórica convencional. Lo más desconcertante de este hallazgo estriba en el hecho de que estos objetos fueron hallados en estratificaciones geológicas que van desde las más modernas de hace unos 20.000 años hasta las más antiguas que superan la edad de los 300.000 años; incluso se han encontrado muestras en zonas volcánicas y estratos de lava.

Años más tarde, en 1995, se organizó una expedición a la zona con el propósito de buscar más piezas de este extraño objeto construido por una inteligencia desconocida. La operación arqueológica dio sus frutos, recuperándose, en un estrato del río Balbanju con unos 100.000 años de antigüedad, varios de estos artilugios. Estas muestras fueron sometidas a un exhaustivo estudio por parte del Instituto Central de Investigación de Geología y Reconocimiento de Metales de Moscú. Con la ayuda de un telescopio electrónico los especialistas rusos dieron a conocer sus asombrosas conclusiones en un informe publicado el 29 de noviembre de 1996. Estos fueron sus razonamientos:

"El lodo que contienen los objetos en forma de espiral se caracterizan como depósitos de guijarros de origen glacial del tercer nivel, que en nuestra opinión es el resultado de la erosión por lavaje intersedimentario de capas poligenéticas acumulativas. Dichos depósitos pueden tener 100.000 años y corresponden a las partes horizontales del nivel Mikulinsk del pleistoceno superior (…) Las nuevas formaciones cristalinas en la superficie de los agregados filiformes de volframio nativo dan fe de las insólitas condiciones en los depósitos aluviales del pleistoceno superior. Por la edad de estos depósitos y por las condiciones de comprobación es poco probable que los cristales de volframio procedan de la ruta de despegue de los cohetes desde la estación espacial Plisezk". En conclusión, debido a su edad estos objetos no son residuos de la moderna industria aeroespacial rusa. Este sensacional hallazgo rompe todos nuestros esquemas; lo que ha abierto la posibilidad a que su origen sea extraterrestre. Para los incondicionales de la ortodoxia científica, la investigación llevada a cabo con estos extraños objetos del pasado, no debe ser tomada en consideración, y ello a pesar de que, objetivamente hablando, la metodología empleada haya sido correctamente ejecutada por los expertos. Como en otros casos que veremos a continuación, la ciencia oficial está en este lance contra las cuerdas. Además, para incomodar aún más si cabe la conclusión oficial del caso, resulta que la controvertida teoría extraterrestre no ha sido planteada en esta ocasión por "los de siempre", sino por una de las personalidades más relevantes del panorama científico ruso: la doctora Elena Matveeva. Esta es la opinión que Valery Uvarov, científico de la misma nacionalidad, tiene de su compatriota: "Entre nosotros, Matveeva es considerada una geóloga de primera línea, con una reputación intachable, y lo que es aún más importante: se plantea su trabajo sin prejuicios y no teme decir la verdad abiertamente" (Bürgin, 128)[49]. Valiente mujer y excelente ejemplo a seguir por aquellos aspirantes que desean contribuir con su inteligencia al desarrollo de nuestra especie.

---

[49] BÜRGIN, Luc. *Enigmas Arqueológicos*. Editorial Tercer Milenio 2000.

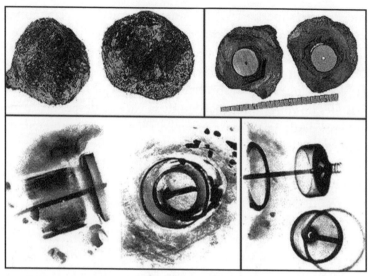

En la radiografía del objeto de Coso se percibe una compleja
estructura metálica en el interior de una geoda de
supuestamente cincuenta mil años.

El 13 de febrero de 1961 es otra fecha histórica en esta
peculiar "galería de condenados". Al noroeste de Olancha, en
California, Mike Mikesell, Wallace Lane y Virginia Maxey
encontraron en la zona montañosa de Coso lo que parecía
una geoda. Al abrirla, los geólogos norteamericanos no
podían creer lo que estaban viendo sus ojos, en vez de los
esperados cristales se toparon con un ¡objeto artificial! Como
muy acertadamente señalan los investigadores Louis Pauwels
y Jacques Bergier, el objeto de Coso es una prueba incontesta-
ble de la existencia en el pasado de inteligencias técnicamente
avanzadas. El misterioso objeto tenía una capa hexagonal de
una sustancia sin determinar. En su interior, rodeado de
anillos de cobre, había una estructura cilíndrica de cerámica

de unos 20 mm de diámetro con una barrita metálica en su parte central de unos 2 mm de grosor.

Como en el caso ruso, el objeto fue encontrado dentro de una roca cuya antigüedad fue estimada en unos ¡50.000 años! El objeto fue sometido a análisis por los propios interesados llegando incluso a ser radiografiado su interior, descubriéndose de este modo espectaculares detalles de su estructura física. A pesar del sensacional descubrimiento, el mundo científico nunca se interesó por él y esta desidia, unido a otros factores, propició —a principio de los ochenta— que el objeto fuera vilmente robado, durante un rodaje de televisión que pretendía dar a conocer el valioso testimonio.

Durante el verano de 1934, Emma Hahn y su familia deciden hacer una excursión. Estamos en el condado de Kimball, en Texas. El calor sin llegar a ser sofocante resulta agobiante. Ello no impide, sin embargo, que los Hahn se aventuren a recorrer la zona forestal del Llano de Uplift, próximo a Londres. Tras una marcha de varias horas, los improvisados excursionistas se topan con un fenómeno geológico inusual. Junto a un salto de agua, en la superficie de una gran mole rocosa sobresale lo que a simple vista parece ¡un mango de madera! Incrédulos se colocan sobre la roca para comprobar si lo que sobresale es realmente lo que parece. Estupefactos se cercioran de que la pieza aprisionada se corresponde con lo que a simple vista parece un mango de madera. El asombro se hace mayor cuando comprueban que la roca —desde el punto de vista geológico— es extremadamente antigua, estimándose su edad no en miles sino en millones de años. Al extraer el mango descubrirán que este se halla adosado a una pieza de hierro que resulta ser un martillo. Una herramienta de millones de años viene a golpear de nuevo los inestables cimientos del paradigma científico

Un martillo dentro de una piedra arenisca del periodo cretaceo datada entre 140 y 65 millones de años (Museo de Pruebas de la Creación. Glen Rose, Texas, USA)

actual. El martillo fue sometido a concienzudos análisis y las conclusiones no pudieron ser más contundentes: la herramienta, compuesta por la cabeza férrea del martillo de unos 3 cm de diámetro y 15 cm de largo reveló una composición de enorme pureza, algo que solo pudo haberse conseguido en la etapa de la historia conocida en la que comenzó la fabricación industrial, sin embargo, el martillo compuesto por un 96% de hierro, un 2,6% de cloro y un 0,74% de azufre, fue elaborado entre 140 y 65 millones de años, parámetro temporal obtenido a través de la analítica del mango de madera, parcialmente carbonizado por dentro.

Otra curiosidad la conforma el denominado "pie metálico de Aiud", descubierto en la localidad rumana del mismo nombre en 1974. Una vez más, el análisis del objeto depararía sorpresas. De 20,2 cm de largo, 12,5 cm de ancho y 7 cm de alto, este está compuesto por una compleja aleación. El rumano Florin Gheorghita comenta los pormenores del estudio llevado a cabo por el Instituto del Estudio de Minerales y Metales no ferrosos de Magurele: "La aleación está formada por doce elementos, siendo el 89% aluminio"; mineral, que solo puede ser procesado artificialmente. La forma del artefacto, con un orificio en su parte superior, ha hecho pensar a algunos ingenieros aeronáuticos que la pieza en cuestión es en realidad una especie de tren de aterrizaje de un aparato volante no muy grande.

Y seguimos en el este de Europa, pero esta vez en Ucrania. Allí, en 1975, se encontró, en una cantera de arcilla, una esfera negropardusca. El extraño objeto de aspecto ovoide, cuya antigüedad se estimó en unos diez millones de años, tiene un peso aproximado de 617 gramos. Con un diámetro no superior a los nueve centímetros, el extraño artilugio tiene una densidad inferior a la del cuarzo, la obsidiana o el cristal. Las radiografías del núcleo de la esfera revelan que dicha densidad es menor que cero, lo que en términos físicos significa que su masa es negativa.

Siguiendo con nuestro repaso de objetos fuera de su tiempo haré referencia a otro inaudito descubrimiento arqueológico. En Klerksdorp, África del Sur, centenares de esferas metálicas fueron encontradas por los mineros de la región. Lo más fascinante de todo este, llamémosle, encuentro con lo insólito, es que las esferas en cuestión están perfectamente talladas y todas, sin excepción, están marcadas con tres ranuras paralelas que contornean toda su superficie. Las esferas fueron extraídas de estratos precámbricos y según los especialistas superan con creces los 570 millones de años de antigüedad. Como era de esperar el espectacular hallazgo tiene sus detractores. Algunos geólogos han tratado de demostrar sin éxito que las piezas encontradas son un producto anómalo de la naturaleza. Así el geólogo de la Universidad de Potchefstroom, A. Bisschöff, sugiere que las esferas son conglomerados de limonita (una especie de mineral férrico). La hipótesis, sin embargo, se tambalea a poco que reflexionemos. Resulta que las misteriosas piezas —al tener la dureza propia de la limonita— deberían poder arañarse fácilmente al contacto con el acero, sin embargo, la acción de dicho metal sobre su superficie resulta ineficaz. Todos los geólogos consultados afirman que la limonita se muestra siempre en conglomerados; sin embargo, las esferas surafricanas han sido halladas aisladamente. Por lo tanto, en ausencia de una explicación natural satisfactoria resulta evidente que tras estos misteriosos objetos hubo una inteligencia desconocida.

Volvamos a Egipto, un país que todavía nos deparará muchas sorpresas. A pesar de los siglos de estudio los egiptólogos todavía no se explican cómo se hicieron las perforaciones de la pirámide Sahure en Abusir, de unos 4.300 años de antigüedad. Los agujeros están limpiamente ejecutados lo que ha hecho pensar en la posibilidad de que hayan sido realizados en el siglo XX; sin embargo, en una entrevista realizada por Luc Bürgin al especialista en Egipto, Michael Haase disipa esta solución tan recurrente de los científicos ortodoxos: "Algunas perforaciones podrían considerarse modernas. Sin embargo, alrededor de los agujeros se ve claramente que se trataba de los orificios de un cerrojo. Además, las estructuras labradas alrededor de dichos orificios indican claramente que son contemporáneas de los anteriores, en otras palabras, que no son modernas. Además, el popular egiptólogo Ludwig Borchardt mencionó estos agujeros en sus escritos a principios del siglo XX y publicó algunas ilustraciones"(Bürgin, 137). Se sabe que los egipcios utilizaban taladros de punta de cobre, ahora bien, descubrimientos como el de la lente de Heluan[50] demuestran que podían haber utilizado puntas de cuarzo cristalino, dado su conocimiento de los cristales y la manipulación de estos minerales. Se especula con la posibilidad de que los egipcios utilizasen barrenas recubiertas con diamante, el único material capaz de soportar la fricción en este tipo de trabajos; sin embargo, hasta la fecha no se ha encontrado ningún vestigio arqueológico que corrobore esta hipótesis.

MOMIAS CHINAS, DINOSAURIOS Y LIBROS SAGRADOS

Como el lector bien informado conoce, las pirámides no son patrimonio exclusivo de Egipto. Lo que pocos saben es que China también tiene sus propias pirámides

En los años noventa el explorador alemán Hartwig Hausdorf fotografió, por primera vez, las enigmáticas edificaciones. Estas colosales estructuras fueron ejecutadas con una clara intencionalidad funeraria. De entre todos estos mausoleos destaca, por sus características arquitectónicas, el que pasa por ser la mayor construcción funeraria del planeta. Me estoy refiriendo a la tumba del emperador de China Quin Shi Huang (259 a 110 a.C). A algo más de un kilómetro de distancia, el cuerpo del emperador estaba protegido por cerca de siete mil guerreros de terracota enterrados bajo tierra. Llama

---

[50] Dentro de la tumba de Heluan se encontró una pequeña superficie acristalada cuyas características denotan unos conocimientos ópticos muy precisos.

la atención la reproducción exacta y personalizada de cada uno de los personajes que integran este ejército subterráneo. Pero es que al parecer, lo que se pretendía era precisamente eso, esculpir con precisión los rasgos auténticos de cada uno de los integrantes de su ejército personal. Desgraciadamente, la tumba no ha sido aún abierta por los arqueólogos, y ello a pesar de las excelentes expectativas basadas en los comentarios legados por Sima Qian, historiador chino que vivió entre el 145 y el 86 a.C. Conforme a sus fantásticas descripciones "Las cámaras funerarias se llenaron con modelos a escala de palacios y otras construcciones, además de preciosos recipientes con piedras preciosas y objetos de gran rareza. Los artesanos recibieron la orden de instalar ballestas con disparadores mecánicos dirigidos a proteger el mausoleo de intrusos. Los principales ríos del país —el Yangtse y el Río Amarillo, e incluso el Gran Océano— se reprodujeron con mercurio, que un dispositivo mecánico mantenía siempre en movimiento. Arriba se representaron las constelaciones del firmamento y abajo el relieve geográfico de la Tierra. Las lámparas se alimentaron con aceite de ballena para asegurarse de que quemaran para siempre sin extinguirse" (Bürgin, 112-113). Aparte de los problemas financieros, China carece de los conocimientos y el equipamiento necesario para conservar debidamente el tesoro del emperador mandarín. Baste recordar que si Sima Quian dice la verdad, los vapores altamente venenosos del mercurio y las supuestas "medidas de seguridad" complican mucho la entrada de un equipo arqueológico en el mausoleo.

Otro sepulcro suntuoso fue estudiado por un equipo de arqueólogos durante una intensa campaña arqueológica iniciada en 1972. La tumba, de algo más de dos mil años de antigüedad pertenece a la dinastía Han y se encuentra en el distrito oriental de Changsha. De entre todos sus tesoros destacan dos especialmente turbadores y que denotan profundos conocimientos científicos: la momia de Changsha y un mapa geográfico de gran precisión.

La momia —de sexo femenino— estaba perfectamente conservada en 80 litros de un extraño líquido amarillento. El cuerpo de la mujer flotaba en el interior del sarcófago sobre esta sustancia en equilibrio absoluto y su aspecto físico era, a pesar de los dos mil años transcurridos, envidiable.

El especialista Hartwig Hausdorf viajó en 1994 a la localidad china con objeto de realizar un estudio personal de la misteriosa momia. Hausdorf no pudo ser más explícito: "Las personas que conservaron ese cuerpo para la posteridad dominaban la técnica de conservación de cadáveres perfectamente. La autopsia realizada en la facultad de Medicina de Changsha determinó que la estructura celular y los órganos internos estaban excelentemente conservados. La tez amarillenta no presentaba ninguna coloración extraña e incluso los músculos presentaban una elasticidad sorprendente. Los médicos declararon que era un milagro que la momia se hubiera conservado tan bien durante un periodo de tiempo tan largo"[51].

Otro descubrimiento, pero en este caso de índole cartográfico, demanda nuestra atención. Durante las excavaciones, los arqueólogos chinos encontraron uno de los mapas más antiguos del planeta y que, en sus aspectos generales, evoca las actuales ortoimágenes[52]. Su exactitud matemática está fuera de toda duda y está elaborado conforme a escala 1:180.000. El mapa chino recuerda en sus aspectos generales a otros documentos cartográficos antiguos, cuya existencia contradice nuestro actual paradigma de la historia de la ciencia. Un anti-

---

[51] Carta dirigida a Luc Bürgin el 14/09/97.
[52] Fotos de satélite.

Piedra de Ica (Perú) que muestra la representación
de un dinosaurio.

guo manuscrito tibetano de la secta Bon recoge un gráfico con
caracteres claramente cartográficos. El esquema no es nada
convencional y se nos muestra como una especie de mosaico
de cuadrados y rectángulos en cuyo interior encontramos la
denominación de desconocidas naciones. Un análisis más
profundo y detallado del documento ha puesto de manifiesto
que estamos ante un auténtico mapa, que entre otras zonas
ubica lugares tales como la ciudad de Pasargada —cuyo
máximo apogeo comprendió el contexto temporal existente
entre el siglo VII y el IV a.C.—, Alejandría, Jerusalén,
Babilonia e incluso el mar Caspio y Persia del norte.

Corrían los años sesenta cuando el doctor Javier Cabrera
Darquea encontró en el desierto peruano de Ocuaje una serie

de piedras laboriosamente esculpidas en su superficie con motivos que reproducían escenas imposibles: seres humanos conviviendo con animales propios de tiempos antediluvianos a los que parecía haber domesticado, hombres cabalgando en el aire al lomo de saurios voladores ya extintos, escenas de transplantes de órganos, y mapas no ya de un continente, sino también de todo un planeta en el que los continentes presentaban otra disposición más propia del Cretácico que de nuestra era geológica actual. Las piedras de Ica, nombre con el que se popularizó el extraño tesoro arqueológico del doctor Cabrera, muestran un mundo propio de ciencia ficción, de al menos hace sesenta millones de años atrás con seres fabulosos que evocan otro singular hallazgo en tierras mexicanas; las figuras de barro de Acambaro cuyas formas recuerdan los grandes animales del Mesozoico. Estos polémicos hallazgos arqueológicos fueron, en esta ocasión, justamente rebatidos por la comunidad científica. Con el tiempo, se supo que las supuestas piedras mesozoicas del Dr. Cabrera habían sido hábiles falsificaciones de campesinos a los que contrataba y aunque alguna de estas piedras era auténtica no mostraban hombres a lomos de dinosaurios ni nada parecido. Además, el Instituto de Ciencias Geológicas de Londres demostró, al analizar una piedra que el Dr. Cabrera había regalado como auténtica a un equipo de la BBC, que si bien la piedra era mesozoica las incisiones eran claramente modernas.

Treinta años antes que Cabrera, un comerciante alemán, Waldemar Julsrud reunió, de 1945 a 1952, más de treinta mil figuras de arcilla alguna de las cuales representaban —como en el caso anterior— toscos dinosaurios. Las figuras estaban, al parecer, enterradas a los pies del denominado Cerro del Toro, a las afueras de Acámbaro en México. Las primeras imágenes adquiridas por el coleccionista sí eran auténticas no

Figura de Acámbaro.

mostrando en su apariencia nada sensacional, más bien recordaban en su estilismo a los artefactos arqueológicos de la cultura Pre-clásica de Chupícuaro que según los expertos se extendió desde el 800 a.C. al 200 d.C. aproximadamente. Pero a partir de un momento determinado el coleccionista germano comenzó a recibir —de manos de los campesinos a los que se comprometió a pagar unos pesos por cada muestra extraída del yacimiento— otras figuras en las que se representaban dinosaurios y otros seres fantásticos. Años más tarde, el gobierno mexicano envió a cuatro reputados arqueólogos para investigar los restos y el yacimiento en el que se habían encontrado. Si bien en un principio abogaron a favor de los primeros testimonios estudiados, posteriormente negaron la autenticidad del resto de piezas que han generado la controversia y que son aquellas que representan de una forma más bien tosca a numerosos dinosaurios. La verdad es que no hace falta ser un experto en arte para percatarse de que estas piezas carecen de un patrón formal y estilístico común que pudiera darlas como válidas. Me explico. En todas las manifestaciones escultóricas de la humanidad las diversas culturas que las han realizado, independientemente de quien fuese en cada momento su autor, seguían un patrón de trabajo, una técnica que aquí no se ve por ningún lado, salvo en aquellas piedras que sí guardan una coherencia artística con la cultura Chupícuaro. Las culturas precolombinas, los egipcios, los griegos…todos nos dejaron muestras de su talento artístico, una forma de expresión que los define sin ningún tipo de ambigüedad. Resulta obvio que los artistas implicados en la talla de una estela maya ubicada en Chiapas no fueron los mismos que esculpieron las estelas de las ruinas de Ceibal o del Copán pero todas guardan una estrecha relación estética, es como si las hubiera esculpido el mismo artista, pero no es

Uno de los dinosaurios de Acámbaro.

así. Sencillamente, los autores de estas tallas fueron aleccionados por unos maestros canteros que les enseñaron las técnicas que debían de aplicar para que sus obras fueran identificadas unívocamente con su identidad cultural y no con otra. Pues bien, la variada tosquedad técnica reflejada en los dinosaurios de Acámbaro no casa con esta máxima y nos hace sospechar que los campesinos implicados en la recolección de estos "tesoros arqueológicos" de seres fantásticos, en realidad lo que hicieron fue elaborarlos ellos mismos sin el más mínimo pudor. De hecho, cada una de estas figuras denota diferentes autores con muy poca maña para las labores artesanales. Así lo estimó en su día el arqueólogo Antonio Pompa al declarar que los campesinos «tomaron el pelo» a Julsrud, que era un ignorante en historia precolombina; y aunque creía —y con razón— que las primeras figuras sí eran auténticas, las demás las hicieron diferentes alfareros. A pesar de esta explicación, son numerosas las publicaciones que afirman sin ningún espíritu crítico que los arqueólogos oficiales han dictaminado que estas figuras son falsas basándose en el hecho de que representan dinosaurios en un contexto en el que el hombre no podía llegar a saber de su existencia en el pasado. Sea como fuere, y a modo de conclusión, por el mero hecho de existir indicios de autenticidad de algunas de las imágenes encontradas, por pocas que sean éstas, se hace necesario retomar las investigaciones para rescatar las figuras auténticas de entre el amasijo de objetos fraudulentos que se amontonan en cajas polvorientas en el Museo Waldemar Julsrud, en la ciudad de Acámbaro, perteneciente al Estado mexicano de Guanajuato.

Cambiemos de continente y marchémonos ahora a la India. El *Vishnu Purana*, libro sagrado de la India, parece hacer referencia en sus párrafos al conocimiento profundo que los brahmanes tenían de la cartografía mundial, desde tiempos remotos. El libro contiene un pasaje dedicado a Pushkar (un continente) con dos Varshas (tierras) que existe a los pies de Meru (el Polo Norte). A su vez, el continente está ubicado frente a Kshira (un océano lechoso), y ambas tierras recuerdan en su forma a un arco.

El texto brahmánico se refiere al continente de América (Pushkar), con sus dos porciones de tierra, al norte y al sur (las dos Varshas). El continente americano está orientado, en efecto, hacia un océano lechoso, símil que encuentra su perfecta asimilación en el Océano Polar, blanco como la leche. Finalmente, el perfil del continente americano —de un extremo a otro— se asemeja en su aspecto formal a un arco (Andrew, 135)[53]. ¿Quién facilitó esta información a los brahmanes, siglos antes de que Colón viajara a América?[54]

LOS MAPAS DE PIRI REIS

Y ya que hablamos de Colón, mencionaré un extraño episodio acaecido en 1501 durante el transcurso de una batalla naval entre los imperios español y otomano. Un almirante turco, en compañía de su tío el capitán Kemal, hicieron prisionero a un marinero español que afirmaba haber viajado —al menos en tres ocasiones— con Cristóbal Colón. El asustado prisionero les contó la fantástica historia según la cual algunos miembros con los que había compartido expedición se habían percatado del uso que el almirante genovés hacía de unos extraños mapas. Esos mapas estaban en poder del español y el almirante se hizo con ellos. Gracias a estos mapas Cristóbal Colón pudo definir la ruta a seguir en su viaje a las Américas.

Aquel aventurero marino se llamaba Piri Reis[55] y nunca en la historia de la ciencia unos mapas han dado tanto que

---

[53] TOMAS, Andrew. *En las orillas de los mundos infinitos*. Barcelona: P&J, 1980.

[54] Este no es el único caso insólito. En la Universidad Norteamericana de Yale, se conserva un antiguo manuscrito cartográfico que parece respaldar los viajes marítimos de los vikingos a Groenlandia y Canadá, nada más y nada menos que cuatrocientos años antes que el insigne almirante europeo. No obstante, en los últimos tiempos corren rumores sobre la posible falsedad de este documento.

[55] El almirante otomano era uno de los mejores expertos cartográficos del siglo XVI. En su afán científico llegó a elaborar uno de los atlas más importantes de la época, el llamado Bahriye o Libro de los mares; una excelente compilación de 210 mapas.

hablar. Los mapas, actualmente exhibidos en las vitrinas del Museo Nacional de Turquía, datan de 1513 y 1528 respectivamente. El primero de ellos representa Bretaña, España, la zona occidental de África, el Atlántico, el perfil completo de Sudamérica, parte del territorio norteamericano y la línea costera del continente de la Antártida[56]. En el segundo mapa aparecen cartografiadas: Groenlandia, Labrador, Terranova, una porción del territorio canadiense, parte de la costa oriental de Norteamérica hasta llegar a la península de Florida. La proyección de los mapas no pudo ser determinada hasta bien entrado el siglo XX. El investigador sueco Nordenskjöld inauguró el estudio, una labor que le llevó 17 años de su vida; el testigo lo recogerá el cartógrafo estadounidense Arlington H. Mallery, que con el apoyo científico de la Oficina Hidrográfica de la Marina de los EEUU confirmará la relevancia de estos mapas. Aunque hasta el siglo XVIII los navegantes no fueron capaces de determinar con precisión la longitud, los planos de Piri Reis —datados en el siglo XVI— lo hacen con suma precisión, determinando de paso la distancia real existente entre el continente europeo, el africano y el americano. El mapa de 1513 recoge el perfil costero completo de Brasil, los ríos inexplorados del Orinoco, Paraná, Uruguay o el Amazonas; y lo más sorprendente; también se nos muestra una Antártida despojada de su manto de hielo. Ahora bien, esta visión cartográfica era desconocida en 1513.

En 1501, Vespucci circunnavegó la costa brasileña hasta el Río de la Plata; no obstante, el mapa de 1513 recoge el

---

[56] En palabras de Andrew Tomas se cree que el plano estaba rasgado, pero se sospechó que originalmente existían otras tres secciones que mostraban el Océano Índico, Australia, Europa y Asia.

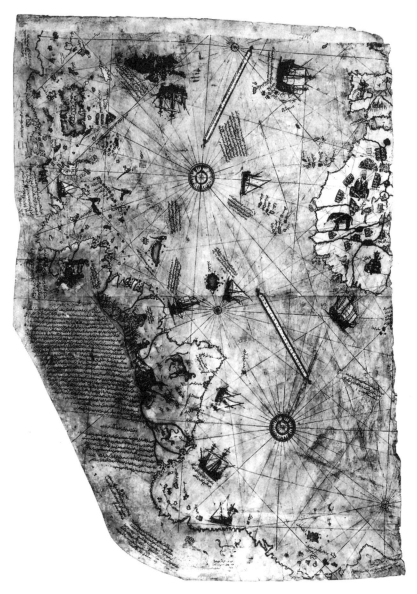

El mapa de Piri Reis (1513) describe la topografía subglacial tal y como es realmente; sin embargo, este perfil ha permanecido oculto a los ojos humanos desde el 4000 a.C.

perfil costero del Brasil al completo, por lo que este no pudo ser cartografiado en 1501, ya que —como muy bien explica Andrew Tomas— después de alcanzar Argentina, el explorador europeo regresó al océano atlántico desde La Plata (Tomas, *No somos los primeros*, 139).

Sabemos que en 1519 Magallanes cruzó el estrecho que lleva su nombre, saliendo de este modo al Océano Pacífico; pues bien ni él ni Vespucci llegaron a adentrarse lo suficiente en el territorio americano como para llegar a conocer, primero y cartografiar después —con todo lujo de detalles— los grandes ríos sudamericanos[57]. En el mapa de Piri Reis: se nos muestra una Antártida —que fue descubierta, no lo olvidemos, en el siglo XIX— libre de hielo, con indicaciones relativas a la altitud de su orogenia. Esos accidentes geográficos, ocultos por una gruesa capa de hielo, solo pueden ser visibles desde el espacio exterior con el apoyo que nos brinda la actual tecnología de satélites.

¿Quién realizó una expedición científica de tal magnitud en el siglo XVI? Lo más probable es que —tal como afirma el doctor C. H. Hapgood, en su libro *La cambiante corteza de la Tierra*— este mapa haya sido cartografiado cuando el territorio antártico estaba libre de hielos. Si esta opinión es acertada, entonces los mapas de Piri Reis son una copia de otros anteriores mucho más antiguos. Así parece confirmarlo además el propio almirante turco: "Al preparar este mapa, hice uso de unos veinte viejos planos y de ocho mapamundis, entre ellos los mapas llamados Jaferiye por los árabes, y confeccionados en la época de Alejandro Magno, en los cuales aparecía la

---

[57] Nota curiosa: siete años después de la confección del mapa, en 1520, Hernán Cortés desembarcaba en México. Pizarro hizo lo propio ocupando el Perú, dieciocho años después de que el mapa fuese dado a conocer. .

totalidad del mundo habitado". Con estas palabras el almirante muestra su sorpresa al sospechar que tras estos mapas está el rastro de una potente inteligencia.

Existe otro mapa, el de *Oronteus Finaeus*, elaborado en 1531, en el que se muestra el perfil costero de una Antártida que al igual que en el caso de Piri Reis carece de hielos, con una superficie en la que figuran fértiles montañas y caudalosos ríos. Sobre este último mapa, el capitán Burroughs de las Fuerzas Aéreas de los EEUU hizo la siguiente afirmación: "Es opinión nuestra que la exactitud de las figuras cartográficas que aparecen en el mapa de *Oronteus Finaeus* sugiere, más allá de toda duda, que este mapa también fue recopilado a partir de mapas originales exactos de la Antártida" (Tomas, *No somos los primeros*, 141). Existe otro documento cartográfico que también puede ubicarse en la misma categoría de los anteriores mapas. El polémico testimonio se denomina Mapa Zeno y está fechado en torno al año 1380. Como en los otros dos casos recoge Groenlandia sin hielo; y lo más desconcertante, "los ríos y montañas dibujados en este plano fueron localizados en los sondeos de la expedición polar francesa de Paul-Émile Victor entre 1947-1949". Este hecho confirma que los cartógrafos del Mapa Zeno utilizaron una fuente mucho más antigua que cartografió Groenlandia en un tiempo en el que esta región gozaba de un clima más caluroso.

Ningún cartógrafo en tiempos históricos conocía el aspecto real de la Antártida o de Groenlandia y por lo tanto, mapas como el de *Piri Reis*, *Zeno* o *Oronteus Finaeus* son por sí solos pruebas de esta gran anomalía histórica; sin embargo existen más mapas cuya existencia aboga a favor de la probable existencia en tiempos remotos de una civilización perdida; son:

- El mapa de Yehudi Ibn Ben Zara, datado en 1487, con una Groenlandia con una orografía surcada de montañas, valles y ríos confirmados en 1947 mediante los sondeos realizados por una expedición geológica francesa dirigida por Paul-Émile Victor

- El mapa Carneiro datado en el siglo XV en el que la costa oriental de África aparece cartografiada con exactitud.

- El mapa Andreu Benincasa, en el que la costa norte de Europa aparece cartografiada detalladamente.

- El mapa de Jorge Reinel de 1510 en el que aparecen representados el Océano Índico y una parte importante del continente australiano.

- El mapa Mercator, realizado en el siglo XVI por Gerard Kremer, en donde se aprecian los ríos y montañas de una Antártida invisible entonces y ahora debido a la espesa capa de hielo que la cubre.

- El mapa de Philippe Buache, datado en el siglo XVIII, en el que su autor publicó, inexplicablemente, un mapa de la Antártida, mucho antes de que el continente helado fuese descubierto oficialmente. Lo asombroso de este mapa es que el continente antártico aparece representado sin hielo, revelándosenos la topografía subglacial de todo el continente tal y como fue revelado en 1958 cuando se llevó a cabo una exhaustiva exploración sísmica.

- El mapa de Adji Ahmed de 1559 en donde el continente americano aparece cartografiado en toda su plenitud.

En mi modesta opinión creo que estos testimonios y objetos imposibles fueron —muy probablemente— el remanente de una compleja estructura científica fragmentada procedente de una antiquísima civilización de origen terrestre. Sin embargo existen otras opiniones…

Algunas culturas primitivas, interpretaron en sus mitos y tradiciones las reminiscencias de aquella sabiduría como el legado dejado por sus dioses. Es entonces cuando la religión —a través de sus castas sacerdotales— decide custodiar, con suma discreción, los documentos, tradiciones y artefactos de sus lejanos y divinizados instructores.

Capítulo 7

VISITANTES DE OTROS MUNDOS

Autores como Jacques Bergier o Peter Kolosimo, entre otros escritores del género, estiman que esos dioses-instructores están retratados en numerosos mitos y evidencias arqueológicas repartidas por todo el planeta. Según ellos, este conocimiento tan preciso de un Universo ignoto procede de los contactos que nuestra especie tuvo en el pasado con supuestos visitantes alienígenas.

Estos autores perciben indicios de la tecnología aeroespacial de estos supuestos extraterrestres en el análisis abierto de muchos de sus mitos y tradiciones.

Esta visión exótica percibe indicios de la tecnología aeroespacial de estos supuestos extraterrestres en el análisis abierto de muchos de sus mitos y tradiciones.

Desde nuestra óptica tecnológica actual, muchas de las leyendas y mitos del pasado se nos antojan muy familiares. Las leyendas de la antigua China se refieren constantemente a máquinas voladoras —las fei-chi— hace unos cuatro mil años. También se nos habla de sus ocupantes —los chi-kung— que visitaron este territorio, quizás para explorarlo.

Las crónicas de entonces que han llegado hasta nosotros son explícitas: "los chi-kung son un pueblo con grandes conocimientos. Saben cosas que a otros pueblos les están vedadas. A bordo de grandes vehículos cruzan los aires a la velocidad del viento. Cuando el emperador Tang gobernaba el mundo (en el año 1756 a.C.) un viento de poniente trajo estos vehículos hasta Yüchow (el actual Honán), donde aterrizaron. Tang mandó desmontar los vehículos y ocultarlos en los almacenes. Con demasiada facilidad el pueblo creía en cosas sobrenaturales, pero el emperador no quiso que sus súbditos se intranquilizaran. Los visitantes permanecieron diez años. Entonces, volvieron a montar en sus vehículos, cargaron los presentes del emperador y emprendieron viaje con un fuerte viento del Este. Llegaron bien a la Tierra de Chi-kung, a 40.000 li, más allá de la Puerta de Jade. Pero nada más se conoce de ellos".

También existen otras narraciones en las que sus protagonistas pretenden, por todos los medios a su alcance, contactar con los "inmortales", unos seres que eran descendientes directos de los "hijos celestes" que antes que ellos habían llegado a la Tierra en sus aparatos voladores.

En la China prehistórica —y siempre conforme a lo narrado en los textos que mencionan aquellos hechos pasados— los supuestos encuentros con ovnis y criaturas ajenas a nuestro mundo eran relativamente frecuentes. Incluso se nos describen, con todo lujo de detalles, las características físicas de estos supuestos vehículos espaciales.

Para ello se utilizan términos metafóricos que tratan de explicar una tecnología que ni siquiera es percibida como tal por los testigos y que la mayor parte de las veces la remiten al ámbito mágico o sobrenatural. Así, cuando los aparatos voladores que describen las tradiciones chinas inician el despegue, se nos dice que "la tierra se derrumba" cuando lo que probablemente se quiere decir en realidad es que los motores de las aeronaves hacen vibrar el suelo con un estruendo ensordecedor. También se citan otros fenómenos físicos generados por la maquinaria que —presumiblemente— habría permitido el vuelo de estas naves, relacionando el sonido de los vehículos de los dioses que se hallaban suspendidos en el aire con un "zumbido de hormigas escondidas".

Para ciertos autores, como el alemán Peter Krassa, esta tecnología aeroespacial extraterrestre recibió múltiples denominaciones metafóricas y el empleo de este lenguaje no es exclusivo de los manuscritos antiguos de la India o de China. De hecho, se repite en otros documentos tradicionales de diversas culturas. Así, resulta común el empleo de conceptos tales como el de "bolas de fuego", "nubes luminosas", "caballos-dragones", entre otras fórmulas propias del lenguaje figurado.

Podemos ratificar los pensamientos de Krassa al analizar las pautas de comportamiento de ciertas comunidades indígenas contemporáneas. Sociedades tribales con un grado evolutivo prehistórico conviven con nosotros y no hace mucho han sido protagonistas de comportamientos análogos a los que se debieron de dar en la antigüedad cuando los dioses bajaban de los cielos en sus imponentes y extrañas máquinas celestiales.

Durante los años 30, se pudo comprobar cómo algunas tribus primitivas de Nueva Guinea habían construido altares y modelos toscos de los aviones de guerra que veían volar sobre sus cabezas. ¡Adoraban estas aeronaves humanas como dioses!

Remontándonos un poco más atrás en el tiempo, en el viejo y mítico Oeste de EEUU, los indios de Norteamérica bautizaron las primeras locomotoras de vapor con el nombre de "caballos de fuego". Estas dos formas primitivas de entender hechos tecnológicos que no están al alcance de la cultura en la cual irrumpen demuestran que las teorías que respaldan la presencia alienígena en el pasado sobre relatos análogos no son tan disparatadas como en un principio cabría pensar.

En 1952 fue posible entrar por vez primera en contacto con la tribu amazónica de los caiapos, en el Brasil. Lo más curioso de estos indígenas lo observamos en los rituales festivos en los que uno de ellos aparece ataviado con un curioso traje de paja, muy similar en su forma al aspecto que en la actualidad tienen los trajes utilizados por los astronautas. Este rito está basado en el encuentro que hace muchas generaciones tuvo este pueblo con un dios proveniente del cielo que les enseñó los secretos de la ciencia agrícola y otras artes de supervivencia.

La tradición oral recoge la siguiente historia: "En un pasado lejano, en la cima de una montaña un gran temblor sacudió la tierra acompañado de fuego y humo. Los atemorizados caiapos huyeron al poblado vecino. Pasados unos días, los guerreros más aguerridos y jóvenes, supieron de la existencia de un misterioso extranjero que había surgido con el fenómeno. Presurosos decidieron enfrentarse a él. Una vez localizado lo atacaron con sus armas más mortíferas sin que éstas le hicieran el más mínimo agravio. El extranjero se mofó de ellos y demostró sus poderes. Con el tiempo se acostumbraron a su presencia y el misterioso ser resultó ser un instructor que entre otras cosas les enseñó el idioma que ahora hablan y diversas técnicas de domesticación de la naturaleza. Cuando acabó su misión, el extranjero regresó a su mundo en medio de un potente estrépito, fuego y humo, ascendiendo al cielo desde lo alto de la montaña en la que había aparecido".

Este ser tenía una extraña apariencia que en la actualidad los caiapos emulan en sus misteriosas danzas rituales. ¿Acaso, como en el caso contemporáneo de Nueva Guinea, los caiapos asimilaron de esta peculiar forma el contacto con una tecnología superior?

En los *Libros de Bambú*, la tradición de los mandarines menciona lo que para un ufólogo serían las etapas previas a un encuentro en la tercera fase. La traducción de dicho manuscrito resulta inquietante si lo interpretamos conforme a nuestros parámetros tecnológicos actuales. "En el año 14 fue vista una nube (avistamiento de un ovni) y Shun (un gobernante chino) ordenó al ministro Yü que investigara el fenómeno (que yo sepa, la primera investigación ufológica oficial registrada en la historia). Se cuenta que en aquel año, antes de finalizar la representación (…) se produjo una enorme tormenta (el ovni irrumpe en la fiesta con el estruendo de sus propulsores, en plena maniobra de aterrizaje). El viento destrozó casas y arrancó árboles, los tambores quedaron desperdigados por el suelo, las campanas y las piedras daban bandazos. En aquel revoltijo, las personas tropezaban unas con las otras y los músicos salieron corriendo. Pero Shun, que se aferraba al estrado (…) reía mientras exclamaba: ¡qué claro está que este imperio no es de los humanos! Acto seguido, presentó a Yü el cielo (la nave que ya ha aterrizado frente a ellos) y le invitó a que se comportará como un hijo del cielo (¿cómo un descendiente de extraterrestres?) frente a su gobernante. De inmediato amainó el temporal (el medio de propulsión había sido desconectado) y aparecieron nubes de la suerte (podemos relacionar estas nubes con los gases térmicos expelidos a consecuencia del calentamiento de los motores de la nave). Eran como humo, pero no era humo (los testigos asimilan este fenómeno natural con un fuego que no perciben). Las nubes de la suerte se entrecruzaban y giraban como discos o espirales (por efecto de las corrientes de aire provocadas por la nave y el ambiente). Cuando llegó a su término el magnífico espectáculo, las nubes recogieron sus colas, se enrollaron y desaparecieron". Desde la óptica astroarqueológica, parece obvio que estos mitos contienen símiles descriptivos de un hecho tecnológico que los testigos intentan comprender, asimilándolo a su propio concepto del mundo. Como dijo Eufemero, en el siglo IV a.C.: "el mito es la historia disfrazada".

TECNOLOGÍA DEL PASADO IMPOSIBLE

Pero sigamos repasando reminiscencias de supuestas visitas extraterrestres en la antigüedad. Los viejos textos hindúes nos hablan de divinidades guerreras que surcaban el cielo en aeronaves denominadas vimanas, dotadas de un armamento terrorífico, cuyos efectos evocan los producidos por un arma, llamada "mensajero de muerte", que reducía a cenizas a ejércitos enteros y hacía sentir sus efectos en los supervivientes, provocándoles la caída del cuero cabelludo y de las uñas, además de envenenar sus alimentos y ríos. También nos describe el uso de un armamento químico y biológico análogo al que estúpidamente fabricamos en nuestros laboratorios. Así, por ejemplo, se menciona el Samhara, una especie de cohete que mutila a las personas, o el Moha, un arma que paraliza al enemigo.

Según los textos sagrados hindúes, aquellas antiquísimas batallas tuvieron por escenario el actual desierto de Gobi, cerca del lago Nob Nor. A pesar de los siglos transcurridos, deberían de existir residuos geológicos que confirmaran las "explosiones atómicas" en aquel lugar, si es que estos textos se referían a ellas. Pues bien, esos rastros existen. Antes de que los chinos iniciasen su programa de ensayos atómicos en esta zona, se localizaron áreas desérticas con ¡arena cristalizada! Fenómeno asociado a las temperaturas extremas que se desarrollan durante el proceso de fisión termonuclear[58].

Volviendo a las máquinas voladoras de la tradición hindú, éstas son descritas por varias fuentes. Tanto en el *Yajurveda*, como en el *Ramayana*, el *Mahabharata* y el *Bhagavata Purana*, la palabra *yanta* signfica "aparato mecánico", lo que demuestra que los escribas están haciendo mención expresa a una tecnología.

Todos los artefactos voladores descritos están relacionados con esta concepción. Así, el *Rigveda* explica el aspecto externo de estas aeronaves. Por ejemplo, se nos describen las *vimanas*, anteriormente citadas, como aparatos imitadores del vuelo de las aves con un diseño triangular y un tren de aterrizaje similar al de nuestros aviones. También señalan los textos que disponían de tres tripulantes y que algunos aparatos tenían dos alas y tres niveles de altura. Se nos dice asimismo que "su velocidad es tan rápida como el pensamiento y son capaces de moverse por tierra, mar y aire"[59].

A los ochenta años de edad, el veterano académico G. R. Josyer, director de la Academia Internacional de Investigaciones sobre el Sánscrito de Mysore, en la India, tradujo a un inglés

---

[58] Cabe, sin embargo, la posibilidad que otro fenómeno de carácter cósmico provoque este tipo de efectos sobre el terreno.

[59] Estos manuscritos incluían planes para tres diferentes tipos de aviones (vimanas), el Rukma, el Sundara y el Shakuna. Quinientos versos recogen detalles tan complejos como los tipos de materiales utilizados en la construcción de mecanismos, la preparación de los metales más adecuados, etc.

legible manuscritos indios de varios siglos de antigüedad que se ocupaban de la construcción de todo tipo de aeronaves tanto de ámbito civil como militar, que recogían aspectos técnicos tan complejos como los materiales empleados en la construcción de estas naves, el combustible utilizado para alimentar sus motores e incluso manuales de instrucción y pilotaje de *vimanas*. El académico descubrió entonces que, por ejemplo, el *Vymankia Shastra* constaba de algo más de seis mil líneas (unos tres mil versos de lenguaje sánscrito de carácter técnico) referidos a la construcción de aeronaves. Josyer hizo la siguiente reflexión sobre las implicaciones de esta desconcertante obra: "El siglo XX puede llegar a ser considerado histórico por dos razones: la traída de piedras lunares desde el espacio exterior y la publicación del *Vymankia Sastra*. El *Vymankia Shastra* es como un cuerno de la abundancia lleno de valiosísimas fórmulas para la fabricación de naves aéreas que debería hacer que los Lindbergh, Rolls, Zeppellin, De Havilland, Tupolev y Harold Gray se quedasen boca abiertos de asombro; y que, si se divulgan adecuadamente, podrían dar lugar a una nueva era en la fabricación de aeronaves" (Josyer, 2)[60].

Según Josyer, en los manuscritos llama la atención la existencia de ochos capítulos con planos para la construcción de aparatos capaces no solo de volar, sino también de desplazarse por encima y por debajo del agua eficazmente. Se contempla también el tipo de entrenamiento que debe seguir el aspirante a piloto y los insólitos equipamientos de estas máquinas, provistas de artilugios que nos recuerdan a las actuales cámaras, equipos de radio y radares.

Los científicos de estos manuscritos revelan en sus escritos que cualquiera que desee pilotar una *vimana* deberá fami-

---

[60] JOSYER R. G. *Vymankia Shastra*. Editorial Coronation de Mysore, 1973.

liarizarse, previamente, con los 32 secretos que permiten el correcto funcionamiento de los parámetros de vuelo. Para pilotar un *vimana* el piloto debía dominar las siguientes técnicas (Steiger, *Mundos anteriores al Nuestro*, 95):

- *Maantrika*: una técnica especial para invocar *mantras*[61]. Su correcto uso permitía al piloto de *vimana* dominar una serie de capacidades espirituales.

- Mediante la técnica de *Taantrika*, el piloto podía transmitir mentalmente órdenes a su aeronave.

- Mediante el *Goodha*, el piloto podía hacer invisible su vimana.

- Con el dominio del *Taara*, el piloto ocultaba sus propósitos a quienes le observaran: "mezclando con la fuerza etérea 10 partes de fuerza aérea, 7 partes de fuerza del agua y 16 partes de resplandor solar, y proyectándolo por medio del espejo en forma de estrella en el tubo frontal del vimana, se crea la apariencia de un cielo cuajado de estrellas".

- El *Zarpa-Gamana* permitía avanzar la vimana en zigzag, como una serpiente[62];

- El *Jalada Roopa* envolvía a la *vimana* bajo la apariencia de una nube.

Estas máquinas celestes eran pilotadas por los dioses del cielo, a quienes se alude asiduamente. El experto en sánscrito Dileep Kumar Kanjilal, sostiene que dichos textos afirman que las aeronaves también eran utilizadas por seres sobrehumanos celestiales, relacionados, según él, con los dioses que nos habrían creado mediante técnicas de inseminación artificial.

---

[61] Palabras rituales a modo de jaculatoria.

[62] Resulta curioso que éste y otros movimientos de vimanas, además de sus diferentes diseños, se asemejen a las formas y comportamientos de vuelo de muchos ovnis. El estudio profundo de estos manuscritos revela inconfundibles paralelismos con los datos aportados por la ufología.

No deja de ser significativo que la arriesgada propuesta del filólogo hindú encontrará un apoyo científico inesperado, procedente, nada más y nada menos, que de un premio Nobel de medicina tan prestigioso como el genetista Francis Crick, descubridor del ADN y defensor de la teoría de que la vida en nuestro planeta fue originada por civilizaciones inteligentes. "Esos seres sembraron la Tierra igual que nosotros sembraremos mañana un mundo lejano —dice Crick, a quién sus méritos científicos ponen a salvo de la burla de sus numerosos colegas escépticos—, cuyas probabilidades de llevar a la vida a su término más elevado estarán determinadas de antemano por nosotros mismos"[63].

Pero si Crick estaba bastante solo cuando formuló estas ideas, con posterioridad su posición honesta y valiente ha ido creando escuela entre los expertos, que con creciente audacia se atreven cada vez más a desafiar el cientificismo más ortodoxo. Muchos especialistas contemporáneos en ovnis, por ejemplo, ven en los textos bíblicos indicios claros de presencia extraterrestre en el pasado.

CONTACTOS CERCANOS Y VISIONES CELESTIALES

La famosa estrella de Belén es para algunos investigadores un objeto tecnológico volador. Si nos ceñimos expresamente a lo que nos dicen los textos sagrados, el comportamiento de esta luminaria resulta análogo al que describen muchos testigos del fenómeno ovni. El escritor J. J. Benítez comenta al respecto: "Para cualquier mente racional y medianamente informada, una estrella como aquélla, capaz

---

[63] Revista *Año Cero*. Número 58.

de guiar una caravana durante meses, de desaparecer de la vista de los Magos a su llegada a Jerusalén, de volver a mostrarse cuando éstos abandonan la ciudad y de pararse sobre la casa donde estaba el Niño, no puede ser identificada con una supernova, ni con un cometa que se hubiera desintegrado al entrar en la atmósfera —y añade— no hay posibilidad astronómica de que un alineamiento de planetas se prolongue durante meses, desaparezca para volver a aparecer y, además, se coloque sobre una casa; lo mismo se puede decir de un meteoro, que se limita a caer y no a volar horizontalmente durante meses; o de una estrella, porque la aproximación de cualquiera de estos astros a nuestro sistema solar hubiera destrozado el orden cósmico del mismo"[64]. Desechadas estas opciones, Benítez se inclina a pensar que la "estrella" de Belén es una luminosa nave sideral tripulada.

La visión del profeta Isaías es, conforme a los cánones de la física actual, un indicio más de estos supuestos contactos con alienígenas. El episodio que voy a narrar tiene especial relevancia, puesto que su protagonista experimentó de primera mano los efectos de la relatividad, teoría que sería formulada a comienzos de nuestro siglo.

El relato es altamente significativo para nuestro tema. Tras ser conducido por un ángel al Paraíso, este le compelió para que regresara nuevamente a la Tierra. Isaías mostró su desacuerdo rebatiendo dicha invitación, porque tan solo había permanecido dos horas en el cielo. La respuesta del ángel fue contundente: "No has estado dos horas, sino treinta y dos años". El profeta, aturdido, pensó entonces que regresaría envejecido y próximo a la muerte, pero el ángel le reconfortó diciéndole que no sería más viejo que esas dos

---

[64] BENÍTEZ, J. J. *Colección Otros Horizontes*. Barcelona: Plaza y Janés, 1988.

horas al regresar a casa. Como se ve, este antiguo mito sagrado solo parece tener sentido a la luz de la teoría de la Relatividad de Albert Einstein y constituye una bellísima ilustración de la célebre "Paradoja de los gemelos", con que el genial físico ilustró este aspecto de la naturaleza del Tiempo físico cuando se consideran velocidades próximas a la luz. El gemelo que viaja por el Universo solo envejece dos horas, aunque regrese a la Tierra medio siglo después de haber partido, según el cómputo de tiempo de ésta. La cuestión es, por tanto, crucial: ¿cómo es posible que encontremos semejante versión de la Paradoja de los Gemelos de Einstein en un texto de hace más de dos milenios?

En el *Libro de Henoc*, los entusiastas de los extraterrestres afirman haber encontrado el extracto de otra "abducción alienígena" antigua. Se dice que el patriarca conoció a "dos hombres" de una envergadura y talla jamás vista en la Tierra. Estos seres le dijeron que ese mismo día del encuentro "ascendería con ellos al cielo". Entonces, Henoc reunió a su familia temeroso de no volverlos a ver nunca más y les dijo "oídme, hijos míos, porque no sé dónde voy, ni lo que me aguarda". Tras despedirse, los dos extraños hombres le condujeron al interior de una "carroza celestial", que lo trasladó a las alturas. Mientras ascendía, Henoc describía estupefacto lo que percibía: "¡Y he aquí que las nubes se movían! Y, subiendo todavía más vi el aire y más alto aún vi el éter, y me llevaron hasta el primer cielo". Aquí, tal vez, cabría traducir la palabra "aire" por atmósfera, "éter" por espacio exterior y "primer cielo" por nave nodriza. Allí es donde Henoc conocerá a quienes él mismo describe como "mayores y gobernantes de las estrellas" y sobre quienes también dice algo más que significativo: "estos mayores clasifican y estudian las revoluciones de las estrellas…y preparan las enseñanzas e instrucciones". ¡Henoc nos está hablando de los "instructores celestes" a los que hacen referencia otros textos sagrados del planeta!

En el *Éxodo* se nos describe cómo tras salir los israelitas de Egipto, "el Señor" iba delante de ellos en forma de nube y de noche "como una columna de fuego para alumbrarles". El reverendo presbiteriano Barry L. Downing cree que esa nube que acompaña a Moisés y a su pueblo por el desierto es una clara manifestación ufológica que cuenta con múltiples referentes en la historia moderna de los ovnis. Sugiere, además que muchos milagros referidos por la Biblia como sobrenaturales admiten interpretaciones exobiológicas, en cuyo contexto los ángeles serían en realidad alienígenas.

La *Biblia* nos dice que los ángeles eran habitantes superiores de las regiones celestes. En la tradición judeocristiana estos seres son descritos como sujetos inmortales, pero en documentos de la antigua India se nos confirma que aquellas entidades, lejos de ser dioses sobrenaturales, eran en realidad representantes de una civilización estelar. El *Mahabharata*, por ejemplo, nos dejó una descripción de estos "seres superiores" que vale la pena tener en cuenta.

Nos dice que eran criaturas que no sudaban, sus ojos no parpadeaban y sus pies no tocaban el suelo. Además, se nos relata que —al igual que los mortales humanos— estos entes estaban sometidos al ciclo del nacimiento, crecimiento y muerte.

No obstante, con respecto a los hombres existían marcadas diferencias metabólicas. También se nos dice que eran mucho más aventajados física y mentalmente: "aparentaban siempre la edad radiante de 25 años, pudiendo vivir un tiempo equivalente a muchas vidas humanas". Es notable la modernidad de este texto milenario, que describe una civilización que ha conseguido prolongar la vida y evitar los inconvenientes del envejecimiento. Actualmente, nuestra ciencia también busca alcanzar este objetivo, que de haber sido considerado una quimera hasta los años 60 se ha convertido en una posibilidad real para los investigadores que hoy pretenden reprogramar el ADN para conseguir su propósito.

Para los indios hopi de Norteamérica, los dioses celestes, conocidos con el nombre de Katchinas (altos, respetados sabios) tenían un aspecto bastante extraño, que por lo general producía temor. Con la finalidad de familiarizarse con su presencia física, los predecesores de los actuales hopi fabricaron "muñecas *Katchina*" para que los más pequeños se acostumbrasen a su presencia física. Hoy en día estas muñecas han perdido su funcionalidad, pues los dioses *Katchina* ya no están sobre el planeta.

En la tradición judía, hace unos 2.000 años, Arideo tuvo una visión en la que nos relata un viaje estelar que se corresponde con la navegación espacial experimentada por nuestros astronautas: "viajé veloz y suavemente, como un barco en tiempo de calma". En efecto, en el espacio no hay rozamiento alguno, razón por la que transitar por estos vastos dominios a grandes velocidades no provoca efecto alguno en la tripulación. A su vez, la tradición de la Cábala hebraica cita al "Gran Jefe" de los *yorde merkabah* o "viajeros del cielo", que descendían habitualmente en sus "carrozas" a los dominios de los humanos.

También los katchina antes citados visitaban a los hopi. En sus tradiciones orales explican el aspecto lenticular que tenían las aeronaves que sobrevolaban sus paisajes. Esta información ha llegado hasta nosotros gracias a las investigaciones llevadas a cabo por Josef F. Blumrich, científico que participó activamente en el diseño del gigantesco cohete Saturno V y que recibió de la NASA una medalla por sus servicios excepcionales en 1972. A él se debe el primer estudio que llevó a cabo un ingeniero con el objeto de demostrar que las teorías de los visitantes de otros planetas eran falsas. Dispuesto a refutar la interpretación dada por Däniken de que el profeta Ezequiel tuvo un contacto extraterrestre, Blumrich se embarcó en un estudio técnico sobre el particular, reconociendo al final que el autor suizo y todos los que le apoyaban podían en efecto estar en lo cierto. De detractor pasó a defensor y divulgador del asunto, lo que brinda mayor interés a sus conclusiones, puesto que inició la investigación con el propósito contrario.

Tras una metódica traducción de los términos empleados por el profeta Ezequiel para describir su visión divina, Blumrich concluyó que se describía "un vehículo espacial técnicamente posible y de excelente diseño, que le permite desempeñar su cometido a la perfección". El ingeniero alemán subrayó el hecho de que "tras las palabras del profeta Ezequiel se descubre una tecnología nada fantasiosa, en todos sus aspectos muy próxima a nuestras posibilidades y, en consecuencia, ligeramente por encima de la actual capacidad científica de los humanos. Por otra parte, aquel vehículo debía depender de una nave nodriza mayor".

El investigador Roy Stemman comenta, sin embargo, que a pesar de que los textos bíblicos hayan permitido deducir las características técnicas de una nave espacial extraterrestre, Blumrich no aportó la prueba indiscutible, capaz de convencer al mundo de que nos han visitado seres ajenos a nuestro mundo en diferentes etapas evolutivas de nuestra especie. Y ello a pesar de que textos como el manuscrito tibetano de Dyzan sugieran lo contrario.

Según describe este texto, hubo una expedición de civilizadores cósmicos a la Tierra: "dijo la Tierra: Señor de la Cara Resplandeciente, mi casa está vacía; manda que vengan tus hijos con la gente de este mundo (…) La oscuridad cubría el espacio entre los globos. Los dos mundos se volvieron radiantes (…) Encontrando la distancia justa, fulguraron como una llama intermitente. Los Custodios comenzaron su tarea (…) las serpientes que descendían enseñaban e instruían (…) La quinta raza fue gobernada por los primeros reyes divinos".

¿Son estos monarcas los portadores de la cultura cósmica que vemos reflejada en los monumentos antiguos de todo el planeta? ¿Vinieron con el fin de colaborar en el proceso de desarrollo de nuestra especie?

Volvamos a la antigua Babilonia. Entre el valle del Tigris y el Éufrates, los arqueólogos encontraron la extraña imagen de una cabeza humana dentro de la cabeza de un pez con cuerpo escamoso. Se trata del gran civilizador Oannes, que enseñó las ciencias exactas a los pobladores de aquellas regiones mesopotámicas. De los tiempos de Alejandro Magno, nos llegan las reseñas que hace de esta criatura el sacerdote e historiador babilónico Beroso. En ellas revela que sus ancestros sabían que Oannes pertenecía en realidad a otra especie inteligente, pues hablaban —al igual que los hindúes— de un animal civilizador, nunca de un dios. Tras cumplir su tarea civilizadora, Oannes regresó al cielo en un arca roja como el fuego.

El sacerdote babilónico cuenta el desarrollo de los extraordinarios acontecimientos que protagonizó este extraño ser en Babilonia: "Durante el primer año apareció allí, procedente del mar de Eritrea, un animal llamado Oannes, cuyo cuerpo era como el de un pez. Tanto su voz como su lengua eran articuladas y humanas (…) Este ser se hallaba acostumbrado a pasar el día entre los hombres, iniciándolos en las letras, ciencias y artes de todas las clases; les enseñó a construir ciudades, fundar templos y compilar leyes, les explicó los rudimentos de la Geometría, les hizo distinguir las semillas existentes en la tierra y recolectar los frutos; en suma, los instruyó en todo".

También, hace miles años, la etnia africana de los dogon recibió la visita de otra raza civilizadora anfibia. Decían provenir del quinto astro más próximo al Sol, la estrella de Sirio. Y para demostrar a las generaciones futuras que su presencia fue real, nos legaron una serie de testimonios astronómicos rigurosamente precisos que asombran a nuestros científicos.

Capítulo 8

Los astronautas de Sirio

En 1862 el astrónomo estadounidense Alvan Clark construyó un telescopio dotado de lentes de 50 centímetros de diámetro con la intención de enfocarlo hacia la constelación de Orión. Dentro de este complejo de estrellas se encuentra el grupo estelar conocido como Canis Maior, en el cual se localiza el astro más brillante del firmamento: Sirio.

Ubicado a unos 8,7 años luz de la Tierra, Sirio había sido un misterio para la ciencia. Años antes, otro astrónomo apellidado Bessel, había asegurado que su órbita parecía seguir un curso alterado por un cuerpo pesado muy próximo a esta estrella y era como si ambos bailaran al unísono en torno a un centro gravitatorio común. Sin embargo, el causante de esta anomalía no era visible con los medios técnicos de entonces. Hubo que esperar hasta que Alvan Clark construyó ese telescopio que era lo bastante potente como para desentrañar el enigma. Con este sí fue posible observar finalmente la causa generadora de ese peculiar comportamiento del astro: se había descubierto Sirio B, la famosa estrella Shotis de los antiguos egipcios era, en rigor, lo que hoy la astronomía conoce como un "sistema solar binario".

Sin embargo, todavía tuvieron que pasar muchas décadas para conocer los secretos de este astro "invisible". Hoy sabemos que Sirio B —con un diámetro de tan solo 30.000 kilómetros— tiene una masa equivalente a la de nuestro Sol, lo que la sitúa en una categoría especial de estrellas que se conocen con el nombre de "enanas blancas", cuya peculiaridad más insólita estriba en el hecho de que, si fuésemos capaces de sustraer una porción del astro equivalente a una cucharita de postre, esta llegaría a pesar ¡una tonelada!

Esta es la razón por la que Sirio B influye de forma tan notoria sobre su compañera visible, Sirio A. La rotación periódica de ambas estrellas alrededor de un mismo centro gravitacional dura exactamente 50,04 años.

Pero esta estrella tan popular en algunas culturas antiguas seguiría deparando sorpresas a nuestros astrónomos. En 1995, dos investigadores franceses, D. Benest y J. L. Duvent, aseguraron que Sirio es un sistema triple y no doble. El nuevo astro — Sirio C— sería una "enana roja", 500 veces menos masiva que el Sol y, al igual que Sirio B, muy poco brillante y por tanto inaccesible al ojo humano.

Pues bien, todos estos datos precisos que nos ha brindado la ciencia moderna ya eran conocidos desde tiempos primitivos por la tribu africana de los dogon. Una vez más, no se explica que una tribu primitiva como esta conociera desde hace cientos de años la existencia de una enana blanca que no pudo ser fotografiada hasta el año 1970, como tampoco parece razonable que conocieran la existencia de un cuerpo vecino de Sirio totalmente invisible al ojo humano.

No obstante, según los testimonios recogidos hace sesenta años por los antropólogos Griaule y Dieterlen, los

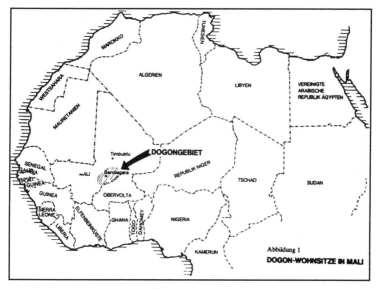

Situación geográfica de la tribu dogon de Malí.

dogon conocían a Sirio B con el nombre de Po Tolo y sabían de su peculiaridad como enana blanca: "es la estrella más pequeña, pero también el más pesado de los objetos celestes...es metal en todas sus formas, especialmente por el Sagala, un poco más brillante que el hierro y de una densidad tal que todos los seres terrestres juntos no podrían levantar un pedazo del mismo".

Los dogon hablan también de Sirio C. La llaman emme ya tolo, y era considerado por los astrólogos dogones como el astro femenino por excelencia. Dicho cuerpo celeste gira también en torno a Sirio A. Y los dogon siguen desconcertándonos al acertar plenamente cuando nos hablan de su naturaleza física: "es una estrella más voluminosa que po tolo

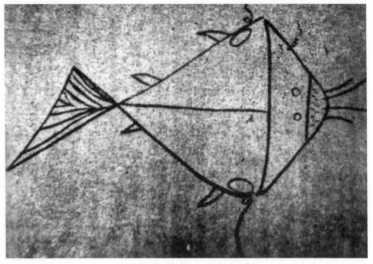

Dibujo dogon de Nommo.

(Sirio B) y cuatro veces más ligera. Gira… recorriendo una trayectoria completa en 50 años".

Según los dogón, lo que nosotros llamamos Sirio C, se encuentra en el plano orbital de Sirio A y Sirio B formando un ángulo de unos noventa grados.

Los dibujos de carácter cósmico que ejecutan en sus ceremonias secretas y que fueron dados a conocer por Robert Temple también sugieren otros conocimientos desconcertantes. Así, por ejemplo, se ha comprobado que plasmaron correctamente la trayectoria de Sirio A y B por el espacio, hecho que ha sido verificado por las modernas computadoras. Asimismo, aciertan al representar el sistema de Sirio con sus órbitas correctas.

Gracias a sus toscos, pero expresivos diseños, propios de la simbología religiosa, sabemos que conocían desde hace

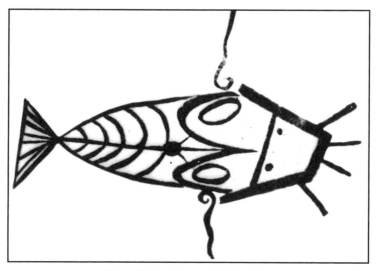

Otro dibujo dogon de Nommo.

siglos que Saturno posee anillos y que Júpiter tiene cuatro lunas interiores. Respecto al periodo orbital antes descrito de Sirio B, los dogon dicen: "la duración de su revolución es de 50 años". Y coincidiendo con este evento cósmico, cada 50 años celebran la fiesta del Sigui, en la que representan, con sus máscaras e indumentarias, el aspecto físico de los civilizadores que les dieron estas impresionantes informaciones.

Casualmente, estos civilizadores —muy similares al anteriormente descrito Oannes— vinieron de Sirio en un arca que giraba sobre sí misma y a la que los dogon representan con forma circular. Su tradición nos dice que, en el momento del descenso, Nommo (nombre con el que también se conoce a los instructores celestes en el Sudán) lanzó su palabra a las cuatro direcciones y relacionan el sonido del "arca" con el choque de cuatro grandes piedras

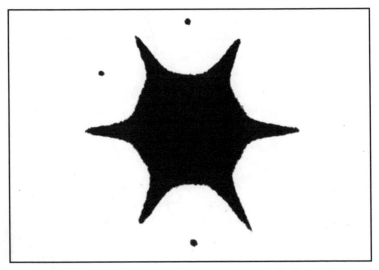

En 1970 astrónomos del Observatorio Naval de los EEUU
consiguieron fotografiar por primera vez la misteriosa Sirio B.
Aparece en la zona inferior derecha debajo de la imponente
Sirio A. Sin embargo, este dato y otros todavía más
precisos eran ya conocidos por los dogon.

dentro de una cueva. También nos cuentan que cuando el
vehículo aterrizó era como una llama que se apaga al tocar el
suelo. En esta etapa del descenso, levantó una impresionante
columna de polvo.

¿Se puede ser más claro y preciso en la descripción de
una aeronave? Si los antepasados de los dogon fueron claros a
la hora de describir las efemérides más secretas de Sirio —
siglos antes de que éstas fuesen descubiertas con las herramientas de los hombres— no lo fueron menos a la hora de
registrar el momento histórico de la llegada a nuestro planeta
de unos seres del Cosmos, cuyo objeto pudo dejar testimonio

de su presencia en el pasado influyendo en los contactados humanos a través de la transmisión de una cultura avanzada.

Para complicar aún más las cosas, si cabe, sabemos que otros pueblos vecinos comparten las mismas creencias y tradiciones orales sobre Sirio. La historia del instructor celeste de los dogon tiene claras reminiscencias del Oannes babilónico. Y si este visitó la Tierra hace algo más de seis mil años, ¿por qué no pensar lo mismo de Nommo?

Robert Temple afirma que Nommo fue un alienígena que dejó en la Tierra, hace entre 7.000 y 10.000 años atrás, toda clase de pistas sobre su origen estelar. Lo que nos lleva a especular con la posibilidad de que Oannes y Nommo tengan un origen planetario común.

Sin embargo, el caso más turbador es el de los egipcios. El físico argentino José Álvarez López afirma que —junto a esta tribu de los dogon— el pueblo de la antigüedad que vivió más conectado a Sirio fue Egipto. El faraón no representaba al Sol sino a Sirio. Una deidad muy importante del panteón egipcio fue la dualidad Isis-Nephtis, que eran representadas como mellizas siamesas, con un cuerpo y dos caras. Una cara (Isis) era blanca, la otra (Nephtis) era rosada. Estos colores también corresponden a las modernas observaciones astronómicas de Sirio A cuando se encuentra sobre Sirio B, y viceversa. Además, Álvarez López nos aclara que en idioma egipcio Isis se denominaba Aset y significaba "El Trono".

Curiosamente, los dogon también conocían a Sirio A con el nombre de "estrella sentada". Nephtis, a su vez, era Beb-Het entre los egipcios y significaba "El Sirviente". En este contexto, Isis simbolizaría la inmovilidad (Sirio A) y Nephtis el movimiento (Sirio B).

Pero hay más, en la iconografía egipcia Isis también se representaba a menudo acompañada de las diosas Anukis y

Cada cincuenta años los dogones celebran la fiesta del "Sigui".
En este ritual evocan la llegada de los "señores del agua",
sus dioses instructores. Sus máscaras evocan la apariencia
de aquellos misteriosos seres.

Satis; es decir, de Sirio B y Sirio C. Este investigador hace referencia a otra clave simbólica "que puede tener que ver con Osiris, hermano y esposo de Isis, cuyo nombre en jeroglífico es representado frecuentemente como un ojo sobre o bajo un trono, lo que podría describir la rotación de nuestro planeta, y de todo el sistema solar, en torno a Sirio".

Todavía habrá quien siga negando lo evidente, aunque sea con el silencio. Recuerdo una anécdota que pone en tela de juicio el "espíritu constructivo" de algunos científicos. Sucedió en 1992, durante los cursos de verano de El Escorial, en Madrid. Por entonces, yo era un joven universitario que había sido becado para un seminario histórico sobre ufología. En una de las sesiones en las que algunos científicos escépticos expusieron sus razones en contra del fenómeno, decidí preguntar a un astrofísico español sobre el tema de las tribus dogon. Su respuesta fue la evasiva y el más rotundo de los silencios. Este comportamiento prepotente y arrogante pone en serio peligro las relaciones entre ciencia y sociedad.

No obstante, otros escépticos mucho más abiertos, como el tristemente desaparecido Carl Sagan, aceptan la dificultad de encontrar una explicación que no sea la extraterrestre: "si la aparición de vida inteligente reviste interés científico general o de otra índole para las civilizaciones galácticas, es razonable pensar que, con la aparición de Procónsul, aumentase el índice de inspección de nuestro planeta. Al principio, el desarrollo de la estructura social, del arte, de la religión y de las habilidades técnicas elementales, dicha inspección se habría intensificado aún más… cabe entonces la posibilidad de que el contacto con una civilización extraterrestre haya tenido lugar en tiempos históricos"(Sagan, 197)[65].

---

[65] SAGAN, Carl. *La conexión cósmica*. Barcelona: Plaza & Janés, 1978.

Es justo reconocer que, si bien el caso de los dogon no es considerado por muchos científicos como una evidencia irrefutable, los conocimientos astronómicos de esta primitiva cultura africana no pueden ser producto de la casualidad. Así lo estimó Carl Sagan cuando se le preguntó sobre el particular: "el conocimiento del cielo de los dogon es totalmente impensable sin ayuda del telescopio".

Sin embargo, Sagan considera que no hay que buscar necesariamente entre los instructores de los dogon a seres de otros mundos, sino a algún viajero europeo que les hubiese transmitido esta información. Al respecto, el investigador Javier Arriés es contundente: "difícilmente puede creerse que la visita esporádica de un europeo, que además debería estar muy familiarizado con la astronomía, hubiera provocado en Mali la irrupción de un sistema de creencias tan amplio coherente y bien coordinado". Es como pensar que un viajero mesopotámico, tras unas breves charlas con sacerdotes del Nilo, hubiera sembrado la compleja teología egipcia. Personalmente, tengo que añadir que cuando Carl Sagan expuso esta crítica, todavía no se sabía nada de Sirio C (dicha estrella fue descubierta recién en 1995) por parte de la ciencia oficial; y sin embargo, los dogon ya conocían su existencia.

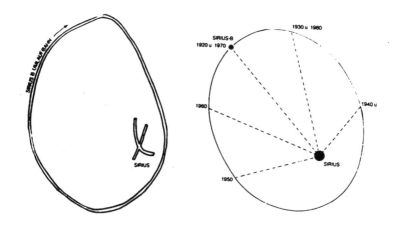

A la izquierda: La órbita de Digitaria (Sirio B) alrededor de Sirio tal como la representan los dogon en sus ritos. A la derecha: diagrama moderno de la órbita de Sirio; los años que se indican son las posiciones de Sirio B en su órbita entre 1920 y 1990. Puede verse que los dogon no colocan a Sirio en el centro de su esquema, sino que lo ubican cerca de un foco de su elipse, lo que en palabras de Robert K.G. Temple "constituye uno de los rasgos más extraordinarios de su información y concuerda de modo sorprendente con el diagrama astronómico moderno de la derecha.

Capítulo 9

El valle de los gigantes

Siempre me ha fascinado la perfección del arte rupestre prehistórico. Aparte de las representaciones rupestres naturalistas llenas de belleza y sensualidad, en los últimos años han surgido nuevas hipótesis que tratan de explicar el significado de manifestaciones rupestres más abstractas, como los petroglifos. Muchos de estos diseños podrían responder a antiguas formas de protoescritura, idea que también comparto[66]. Ahora bien de entre todas estas interpretaciones existen otras más inquietantes. Vamos a viajar a dos rincones del planeta en los que parecen existir dibujos de criaturas de otros mundos. Si los artistas que los dibujaron fueron fieles a la realidad a la hora de pintar una cabra o un antílope ¿por qué pensar lo contrario respecto a estas enigmáticas figuras humanoides?

Pinturas rupestres como las existentes en el Valle de las Maravillas, en la cima del monte Bego, situado en el departa-

---

[66] Véase la obra del autor *Galicia Secreta* (Madrid: Editorial Corona Borealis, 2003).

mento francés de los Alpes Marítimos, la escena cósmica que aparece en una pintura rupestre de Fergana en Rusia, las pinturas italianas de Valcamónica o los grabados extremeños del Cerezal descritos por el investigador español Iker Jiménez, llaman poderosamente la atención. Todas parecen representar a otros dioses —diferentes a los astrales— que ocasionalmente se dignaban a bajar de los cielos para contactar con aquellos pueblos que los describieron en sus tradiciones orales y en sus expresivas representaciones artísticas.

Estamos ante testimonios sagrados, que serían objeto durante siglos posteriores a su ejecución de adoración y fervor religioso. Está claro, no obstante, que la mayor parte de estas expresiones pictóricas eran fruto de la imaginación mitológica de sus autores. Pensar lo contrario sería volver a caer en el error de subestimar la capacidad intelectual de nuestros antepasados.

No es serio ni coherente relacionar todo monigote con un astronauta venido de otro mundo. Aunque, como todo en la vida, hay excepciones. Es el caso de los famosos frescos prehistóricos de Australia y del Sahara argelino. Me estoy refiriendo a los *wondjinas* y a los cabezas redondas del Tassili. Dos manifestaciones que están relacionadas, a su vez, con algunos casos ufológicos contemporáneos.

Pero hagamos un poco de historia. En 1933, una patrulla de reconocimiento francesa, comandada por el teniente Brenan, transitaba por un desfiladero desconocido en Tassili. Durante un alto en el camino y por pura casualidad, este oficial se percató de que habían acampado a poca distancia de un inmenso y colorido mural pétreo. No había duda. Aquello eran pinturas rupestres.

En esa ventana perdida del pasado, la patrulla observó grandes paquidermos, jirafas comiendo de las copas de los árboles e hipopótamos chapoteando en las aguas. Los anónimos artistas de aquellos lares habían plasmado en la roca lo que antaño había sido una tierra fecunda. Conforme Brenan siguió con su itinerario por aquel desierto, fueron apareciendo ante sus ojos nuevos testimonios de un mundo extinguido ocho mil o diez mil años antes.

Definitivamente, aquella región del Sahara había sido fértil. A juzgar por las catalogaciones que se hicieron en 1956, sus habitantes cazaban y gozaban de una vida plena en medio de una naturaleza generosa.

Por entonces, el arqueólogo Henri Lhote descubrió un nuevo yacimiento en un lugar llamado *Jabbaren*. Allí se toparon con uno de los enigmas arqueológicos más apasionantes del siglo XX. La expedición había encontrado una rara y, a la vez, bella muestra de arte rupestre. Junto a las reproducciones más expresivas de la vida cotidiana de aquellos pueblos, Lhote tropezó con otras que le llamaron poderosamente la atención, porque su estilo y exótica naturaleza resultaban ajenas al contexto general representado por el artista.

Se trataba de enormes pinturas de seres humanoides de grandes cabezas redondas, con extraños cuellos y ojos, sin boca ni nariz. Eran unos motivos tan raros que la expedición no dudó en bautizarlos con el nombre de "marcianos".

Esta descripción de los humanoides de *Jabbaren* quizá no esté tan lejos de la realidad. En lengua targuí, la palabra Jabbaren significa "Barranco de los Gigantes". Y, en efecto, algunos de los humanoides dibujados en este lugar superan con creces los seis metros de estatura. Estos extraños "cabezas redondas" aparecen junto con otras representaciones mucho más corrientes para nosotros y que fueron representadas sin añadido artístico alguno. Así, nos encontramos con lo que esperamos ver: animales, plantas y nativos claramente humanos. Está claro

Con el nombre de "El Gran Dios Marciano", Henri Lhote bautizó el extraño ser que aparece representado en el abrigo pétreo. (Cortesía revista *Enigmas*)

que el artista se ha esforzado en plasmar la realidad propia de su entorno con la mayor capacidad que tenía para reproducir las figuras con criterios naturalistas. Por esta razón, la presencia entre los nativos de estos misteriosos seres resulta chocante.

Investigadores de la talla del francés Jean Gossart estiman probable la identidad alienígena de estos seres: "a pesar de nuestra legendaria cautela, debemos admitir que estas cabezas redondas tienen verdaderamente un aire extraterrestre. Las líneas horizontales a la altura del cuello hacen pensar en los pliegues de un elemento de empalme entre el traje y la escafandra".

Pero las sorpresas no se detienen ahí. Los cronistas rupestres de Tassili se preocuparon de dar testimonio de los comportamientos inusuales de estas criaturas. Decenas de seres parecen flotar, como si nadasen. Objetos ovoides y esferoides provistos de extremidades sobrevuelan las cabezas de los nativos, e incluso los hay posados entre la multitud.

Entre todas las imágenes de este tipo, hay una que ha demandado la atención de los ufólogos. En ella se ve a un "cabeza redonda" secuestrando a un grupo de mujeres indígenas. Las arrastra hacia un extraño objeto ovoide, al cual el pintor prehistórico ha añadido pequeños trazos a su alrededor, como dando a entender que aquel objeto resplandecía por sí mismo.

Se podría rebatir la teoría extraterrestre argumentando que los "cabezas redondas" eran en realidad humanos con máscaras y ropajes rituales. Sin embargo, la existencia de "cabezas redondas" en otros contextos geográficos podría echar por tierra tal suposición. En la localidad española de Los Villares, por ejemplo, encontramos el yacimiento de Estoril. En un abrigo pétreo, un cantero prehistórico grabó la figura petroglífica de un "cabeza redonda" como los existentes en Tassili, a una enorme distancia[67].

TESOROS DEL TERRITORIO PROHIBIDO

Unos cien años antes del descubrimiento de Tassili, otro militar, el británico George Grey, encontró una notable galería rupestre al aire libre. Este hecho accidental —en palabras de Andrew Tomas— sigue asombrando a los antropólogos

---

[67] Las pinturas rupestres del Tassili n´Ajjer contemplan, además de los motivos reseñados, instantáneas naturalistas de gran belleza en las que se incluyen escenas cotidianas de las gentes que por entonces poblaban un entorno natural completamente diferente al actual. Estos paneles rupestres son una auténtica ventana al pasado más remoto del Sáhara argelino. La mayoría de los expertos estiman que estas escenas rupestres representan instantes de la vida del desierto del Sáhara de los años 6.000 a 1.000 a.C, cuando esta región disfrutaba de un clima húmedo y unas tierras fértiles.

australianos. Éstos no comprenden cómo este joven inglés, navegando sin escalas intermedias desde Inglaterra, desembarcó en la desembocadura del río Prince Regent y, con un grupo de tan solo doce hombres, organizó una campaña de exploración por lo que todavía hoy es la zona más inaccesible de Australia. Donde nace el río encontró las "Cuevas Mágicas", que ni siquiera sabía que existían. Aquel descubrimiento se llevó a cabo en la estación más cálida y lluviosa del año. George Grey se jugó literalmente la vida antes de dar con este tesoro arqueológico.

Primero fue el viaje, que transcurrió por los desfiladeros resbaladizos del valle de Prince Regent, al tiempo que las lluvias torrenciales se precipitaban en forma de cascadas de agua por los barrancos. "La expedición —comenta Andrew Tomas— perdió ovejas, *ponnies* y suministros"[68]. Nadie del grupo, ni siquiera el joven teniente inglés, era consciente de dónde se metían, pero estaban penetrando en el territorio prohibido de las "Cuevas Mágicas" de Kimberley. Este rincón de la geografía australiana se hallaba custodiado por aborígenes armados hasta los dientes. Para ellos, esta región a la que llamaban "Serpiente del Arco Iris" era un dominio al que las antiguas tradiciones ordenaban proteger de los intrusos.

El teniente fue alcanzado por varias lanzas, respondió al ataque y mató al jefe de los guardianes. De inmediato, el resto de los aborígenes huyeron en desbandada por temor a las armas mágicas de los británicos. A pesar de las serias heridas sufridas en la refriega, Grey siguió avanzando durante dos largos meses por el territorio prohibido, cubriendo la distancia de 115 kilómetros y alcanzando el Monte Hann.

---

[68] TOMAS, Andrew. *En las orillas de mundos infinitos.* Barcelona: Plaza y Janés, 1976.

En la cresta de la meseta de Kimberley, Grey y sus hombres descubrieron atónitos aquellas "Cuevas Mágicas" objeto de protección por los aborígenes. Como en el caso de Argelia, las pinturas rupestres de la cueva australiana representaban réplicas casi idénticas de los motivos de Tassili. En términos generales, estas pinturas australianas sorprenden por su singular estilo. Encontramos figuras que adquieren tridimensionalidad, gracias a las técnicas de sombreado empleadas por sus autores. Sabemos, además, que las pinturas son extraordinariamente antiguas[69]. Las tribus de aquellos lares atribuyen su cultura a los dioses del cielo: Daramulun, Bunjil y Baiame. También se nos habla de una diosa Guriguda, cuyas reminiscencias pueden verse en algunos humanoides *wondjina*.

Esta divinidad iba cubierta de cristal de cuarzo y despedía destellos de luz. ¿No recuerda esta visión a la de un humanoide enfundado en su traje espacial? Conforme a las tradiciones indígenas estas pinturas fueron ejecutadas en el "Tiempo de los Sueños": el tiempo de los primeros humanos y de los seres celestiales. Estas criaturas están fielmente plasmadas. Se conocen con el nombre de *wondjina* y para los eruditos, como el australiano A. W. Creig, su ejecución no deja indiferente a nadie: "el entusiasmo artístico de estos salvajes no solo está más allá de toda esperanza razonable, sino que encuentra su expresión en la delineación de un objeto que, en conjunto, queda fuera del alcance de su experiencia diaria y que a juzgar por su constante repetición,

---

[69] Al parecer los autores de estas pinturas fueron contemporáneos del extinto diprotodonte, un mamífero semejante al oso, y del panaramittee crocodile que vivía en los antiguos lagos del centro de Australia. Ambos animales fueron representados, lo que podría indicar algo tan inaudito como la existencia de aborígenes especializados en dibujar wondjinas hace ¡un millón de años!

parece ser de naturaleza simbólica: una figura sin boca, coronada por un halo y cubierta de ropas que no pudieron ser familiares a los semidesnudos artistas que las pintaron".

Además, Creig deja caer lo que es obvio: los aborígenes de hace miles de años pintan unos seres cuyas indumentarias son mucho más modernas de las que ellos utilizan. Por otra parte, los "sin boca" ofrecen ciertos rasgos similares a los "cabezas redondas" argelinos. A juzgar por los retratos de estos seres, los *wondjina* que describió el pintor prehistórico debían medir alrededor de los cinco metros de altura, en estrecha relación con los seis metros de estatura de los seres del Tassili que, como ellos, no tienen boca, solo ojos.

El análisis de estas pinturas australianas nos permite nuevos hallazgos. En efecto, encontramos una figura que parece llevar un casco de astronauta. Otro misterio es la presencia, nada más y nada menos que en Australia, del hombre barbudo tocado con mitra y las tres supuestas mujeres que lo acompañan. Algunas *wondjina* poseen una indumentaria roja y sus manos van enfundadas en lo que parecen unos guantes. Además, tienen el curioso tocado en la cabeza y en ocasiones este incluye unos extraños símbolos que todavía no han sido descifrados[70].

¿Estará en la traducción de estos jeroglíficos la clave que solucione este complejo misterio de relaciones pretéritas?

Carl Sagan, en su obra *La Conexión Cósmica* afirmaba que solo hay una clase de leyenda que podría convencerle de las visitas extraterrestres en el pasado: "cuando la información que contenga no pueda ser generada por la civilización que la creó; si, por ejemplo, un número transmitido desde hace miles de

---

[70] Llama la atención el hecho de que los cuatro geroglíficos que aparecen en el tocado del Wondjina son bastnate similares a las letras bereberes.

años como sagrado resulta ser la constante de la estructura nuclear". Pues bien, el físico y matemático argentino José Álvarez López, en su libro *La Biblia Cuántica*[71] observa que los números fundamentales de la Cábala se corresponden con las constantes atómicas que utiliza la ciencia actual. Tomando los dígitos correspondientes a las unidades, Álvarez López obtiene la matriz de una tabla numérica cuyos números están lógicamente predeterminados. Lo asombroso estriba en el hecho de que 45 números de esa matriz se corresponden con los valores exactos de ocho constantes fundamentales de la Física: la constante de Plank, la velocidad de la luz, la constante de la gravitación, la precesión de los equinoccios, la constante de estructura fina (cuya importancia estriba en el hecho de que determina el tamaño de los átomos), la relación de masas electrón-mesón, la constante de Boltzman y, finalmente, la masa electrónica.

Estos documentos del ayer son la prueba palmaria de un legado científico procedente de una civilización superior a las entidades prehistóricas.

A mi modesto entender, sin descartar la presencia alienígena en el pasado, creo en la influencia ejercida sobre las antiguas culturas por otra civilización ligada al Cosmos por su ciencia y su tecnología, pero plenamente humana. Miembros de una civilización terrestre avanzada que son descritos en otras mitologías y que se diferencian de los supuestos civilizadores galácticos a los que nos venimos refiriendo.

Las antiguas leyendas indias nos dicen que en la lejana noche de la prehistoria arribaron a las costas del Nuevo Mundo hombres blancos de lenguas barbas, quiénes se unieron a los indios y —otra vez la misma cantinela— les enseñaron la ciencia, la técnica y las sabias leyes de su avanzada cultura. Se nos

---

[71] Editorial Espacio y Tiempo, 1992.

dice, además, que los que llegaron por mar se convirtieron, a los ojos de los indígenas, en los dioses blancos de aquellos imperios.

El corregidor don Luis de Monzón mencionó, en un informe muy detallado, dirigido al virrey de Toledo, una historia en la que se cuenta que antes del dominio de los incas, en tiempos antiquísimos, un pequeño número de otras gentes, que se denominaban Viracochas, llegó a las tierras del actual Perú.

Como afirma Pierre Honoré, en todos los pueblos del Nuevo Mundo subsiste la leyenda del dios blanco. Los incas lo llamaron Kon Tiki Illac Viracocha; los mayas, Kukulcán; los toltecas y los aztecas, Quetzalcóalt. Esos dioses llegaron del este, en la más remota antigüedad, en buques extraños y enormes que al acercarse suavemente a la costa resplandecían por ambos lados como serpientes gigantes. El éxito de esta misión civilizadora queda probado por la calidad de la astronomía precolombina reflejada en su calendario o en sus colosales monumentos.

COSMOLOGÍA PRECOLOMBINA

En el *Códice Bodley* vemos un dibujo que representa un templo dedicado a la observación del cielo. Sabemos esto porque el ojo de un astrónomo aparece encuadrado entre los brazos de una cruz, que algunos arqueoastrónomos creen que representa el empleo de un instrumento astronómico diseñado para calcular ciertas efemérides celestes.

En el yacimiento mesoamericano de Chichén Itzá, se encuentran los restos del conocido observatorio estelar denominado "El Caracol". Consta de una torre cilíndrica que se yergue sobre una plataforma cuadrangular. Para acceder a la parte superior hay que ascender por una escalera en forma de espiral, en parte derruida por el paso de los siglos. Ya arriba, nos topamos con varias aberturas con una clara función astronómica. Desde estas ventanas, los sacerdotes mayas eran capaces de observar la salida de Venus y de ciertas estrellas, además de registrar los movimientos del Sol. Todos estos cálculos les permitían establecer con rigor la duración de los diversos períodos sinódicos. La pirámide principal de este centro ceremonial escenifica cada 21 de marzo, día que marca el comienzo de la primavera, la bajada a la tierra de la serpiente de luz del dios Kukulcán.

En la zona maya son varios los monumentos construidos con criterios arqueoastronómicos. En Guatemala, encontramos ciertos templos desde los cuales era posible determinar tanto los solsticios como los equinoccios. En el solsticio de verano, el Sol surgía sobre la esquina norte del templo; en los equinoccios, en cambio, salía por detrás de la puerta de otro monumento. Finalmente, durante el solsticio de invierno salía siempre por la esquina sur de un tercer edificio.

En Uaxactum (Guatemala) existen dos edificios enfrentados que servían como indicadores de los solsticios y equinoccios. En Uxmal, el edificio conocido como Palacio del Gobernador, construido alrededor del año 750 d.C. está dedicado a Venus.

El investigador G. Romano observó una característica singular de este palacio: "desde el punto central de la cumbre de la escalinata de acceso se puede hacer un alineamiento entre una estela, hoy derruida, un altar y una pequeñísima elevación, apenas visible sobre el horizonte lejano. Esta elevación es la cima de una pirámide que se levanta sobre la ciudadela de Nohpat. El alineamiento está orientado hacia el punto por donde emergía Venus cuando alcanzaba su máxima declinación negativa". Tal vez los mayas construían medidores tan precisos para controlar el periodo sinódico del planeta Venus y, por ende, su orto helíaco[72].

En las afueras de la ciudad de México nos encontramos con otra muestra arqueoastronómica espectacular: la ciudadela de Teotihuacán. Este enorme complejo arquitectónico de templos y monumentos encierra, todavía hoy, muchos secretos. Para empezar se desconoce quiénes fueron los artífices y constructores de la más grandiosa ciudad precolombina de América Latina. El eje de la colosal pirámide del Sol está orientado en la dirección este-oeste, siguiendo el tránsito del Astro Rey a lo largo del día. Se piensa que la pirámide simbolizó el centro del Universo.

La ciudad se divide en dos partes bien diferenciadas. La zona alta, consagrada a los dioses celestes, donde encontramos los templos del Sol y la Luna, y la zona baja, dedicada al ser humano, en la cual destaca el templo de Quetzalcoalt. Finalmente, entre ambas partes transcurre una avenida de algo más de dos kilómetros de longitud, conocida con el nombre de calle de los Muertos.

Las mediciones llevadas a cabo en la década de los setenta demostraron que Teotihuacán era una auténtica ciudadela cósmica. Tanto en las afueras como dentro del núcleo urbano encontramos varios círculos concéntricos punteados en forma de cruz que sirvieron como puntos de referencia. La alienación que se establece entre dos círculos punteados del llamado grupo de Viching y la colina del cerro Colorado, situada al oeste de la ciudad, está orientada hacia el punto del horizonte por donde se ponían las Pléyades en el 150 d.C.

---

[72] Se dice del ocaso de los astros que salen o se ponen cuando más, una hora antes o después que el Sol.

Otra importante referencia arqueoastronómica iberoamericana la encontramos en el Intihuatana, piedra sagrada de la ciudadela inca de Machu Picchu (Perú), dedicada al poderoso Inti, o dios del Sol, y que está tallada en un único bloque de roca. En el solsticio de invierno se amarraba simbólicamente al dios solar, sirviendo además a propósitos astronómicos más refinados. La piedra es capaz de indicar los solsticios, los equinoccios y los movimientos lunares con absoluta precisión.

La antigua capital azteca, Tenochtitlan, también se erigió con un propósito astronómico. Gracias a los documentos coloniales, sabemos que el Templo Mayor poseía en su cima dos templetes, orientados hacia el oeste, en la dirección de la salida del Sol, que precisamente surge en el horizonte entre ambos edificios durante los equinoccios.

Pero, si resulta excitante la laboriosidad constructiva de aquellos arquitectos anónimos, no lo es menos el fundamento matemático verdaderamente perfeccionista del calendario maya.

Jesús Callejo, en su libro *Fiestas Sagradas*, se refiere a la exactitud del calendario maya: "su disposición era distinta a cuantos calendarios conocemos, pero con mayor precisión". Nos lo demuestra con la siguiente comparativa:

- Según el calendario juliano, el año era de 365,242500 días.

- Según el calendario maya, era de 365, 242129 días.

- Por último, según el cálculo astronómico reconocido actualmente por los científicos, el año se compone de 365, 242198 días.

Callejo concluye haciendo la siguiente y acertada reflexión: "Lo paradójico de todo esto es que si hemos de creer a los historiadores, ni los mayas, ni los aztecas conocían la

Ciudadela de Machu Picchu,
en Cusco (Perú)

El Intihuatana (Machu Picchu, Perú). Piedra sagrada
dedicada al dios Sol, el Inti.

rueda, el torno, la utilización de las bestias ni el hierro"
(Callejo, 48-49)[73].

A veces, nuestros científicos tienden a hacer el más espan-
toso de los ridículos subestimando a una civilización como la
maya que, además de lo expuesto por el autor leonés, conocía
los ciclos cósmicos con absoluta y desconcertante precisión.

Como acontece en otras civilizaciones que habían alcanzado conocimientos astronómicos avanzados, los mayas
sabían de la precesión del equinoccio y conocían la constante
del sistema solar (pero la expresaban en días, en lugar de en
segundos como los sumerios). También eran conscientes de
que las conjunciones de Júpiter y Saturno se producen detrás

---

[73] Callejo, Jesús. *Fiestas Sagradas*. Edaf, 1999.

La pirámide central del Monte Albán sirve de apoyo
para las mediciones astronómicas.

del Sol, cada 9.000 años y conocían la existencia de los
planetas exteriores de Urano y Neptuno.

A tenor de estos datos, no resulta inaudito que los
ascendientes de los mayas fuesen capaces de calcular una
constante de 147.420 millones de días. Pero sí es asombroso
que este mismo número, expresado en días, sea igual a aquel
que expresado en segundos era utilizado por los hijos de
Oannes en el otro extremo del planeta. Ante lo cual cabe
preguntarse: ¿Tuvo un origen común la ciencia cósmica de
mayas y sumerios?

En 1952, el arqueólogo mexicano Alberto Ruz encontró la, hoy en día, popular estela funeraria del llamado
"Astronauta de Palenque". Esta desconcertante losa representa a un hombre en una posición similar a la adoptada

por nuestros pilotos de naves aéreas. Está rodeado de símbolos que parecen aludir a las constelaciones de la noche. Pues bien, antes de ser levantada la losa para saber qué había debajo de ella, el equipo arqueológico se percató de que sus dimensiones no se correspondían con ninguna de las cifras de medida empleadas por las otras civilizaciones de la América central o meridional. Dichas unidades de medida eran el "pie egipcio", de 0,300 metros, el pie de Cuenca, de 0,348 metros y el de Tiahuanaco, de 0,297 metros. Se descubrió además que la tumba de Palenque era mucho más antigua que el complejo donde reposaba. Cuando por fin se pudo alzar y abrir la tumba, los arqueólogos desvelaron los restos de un hombre de 1,75 metros de estatura, muy diferente al maya típico, que no pasaba de 1,50 metros. Esta característica física tan singular ha hecho creer a algunos expertos que los restos del hombre que yació bajo la losa —lejos de ser un astronauta de otro mundo— pertenecieron en realidad al mítico dios blanco de las tradiciones indígenas.

A mediados del siglo XIX, en las selvas venezolanas, todavía vivían tribus de hombres blancos, conocidos por el nombre de "motilones". Estas evidencias antropológicas parecen avalar la presencia en el pasado remoto de América de visitantes blancos y, por ende, de sus descendientes. Según los mitos indígenas, aquellos civilizadores llegaron a América en grandes naves procedentes de algún punto del Océano Atlántico, pero ¿de dónde? y ¿cuándo? La clave a esta inquietante cuestión podría hallarse en el país de las pirámides, Egipto.

La sombra proyectada de los nueve cuerpos de la pirámide del castillo de Chichén Itzá forma el cuerpo de una gran serpiente.

Misterios egipcios

Cualquiera que visite la meseta de Gizeh quedará marcado de por vida. Las inmensas pirámides y la misteriosa Esfinge reciben al viajero con solemne majestuosidad provocando en el más sereno de los espíritus la inquietud propia de los exploradores y arqueólogos que durante generaciones han intentado desentrañar sus secretos. Yo mismo me quedé petrificado en mi primera visita a la Gran Pirámide. Se trata de la construcción más sólida y compleja jamás erigida por el género humano. Sabemos que —con un inmenso esfuerzo— treinta millones de rocas fueron transportadas por el desierto para ejecutar esta grandiosa obra de ingeniería. Un colosal monumento de un tamaño y precisión prácticamente imposibles de imitar hoy en día.

Cuando uno está ante la Gran Pirámide se cuestiona muchas cosas pero fundamentalmente una: ¿A qué importante objetivo obedeció su levantamiento? Esta ha sido la gran pregunta que ha atormentado a los egiptólogos durante generaciones. Hoy, después de décadas de investigaciones, algunos estudiosos creemos haber encontrado la respuesta.

Probablemente, los textos religiosos más antiguos conocidos sean los denominados Textos Piramidales. Se trata de unos textos a los que, por lo general, nunca se les ha otorgado la importancia debida; lo cual, a la luz de la razón, resulta paradójico puesto que estos escritos jeroglíficos evocan el misterioso génesis de la cultura egipcia. Por otro lado, dada su extraordinaria antigüedad, parece increíble que apenas sean conocidos por el público en general. De hecho, éstos pueden ser considerados el "Antiguo Testamento" del Antiguo Egipto. Los Textos Piramidales se encuentran labrados en el interior de los muros de una pirámide de la V Dinastía y cuatro de la VI. Aunque están datados entre el 2.300 y el 2.100 a.C. no son, ni mucho menos, los textos originales. Resulta obvio que estos derivan de un arquetipo anterior del que —a día de hoy— no hay rastro alguno.

Con un alto grado de certidumbre, los Textos se refieren a una religión y una liturgia que ya existían en la IV Dinastía, la encargada de acometer las obras del complejo piramidal de Gizeh y Dahshur. En el interior de una deteriorada pirámide del rey Unas (V Dinastía) encontramos numerosos jeroglíficos que ascienden hasta un techo plagado de estrellas. Estas escrituras pretenden ayudar al rey fallecido en su viaje al otro lado. Uno de esos escritos es un bello y extraño poema lleno de significado; dice así:

Me elevo desde ti, ¡Oh, hombre!
Yo no soy de esta tierra, pertenezco a los cielos
He alzado el vuelo como la garza
He besado el firmamento como un halcón
Soy la esencia de un Dios
El Hijo de un Dios
El Mensajero de un Dios
Contempla cómo Osiris, temeroso y amante de Dios,
Ha renacido en las estrellas de Orión "El Bello"
Me debo a la glorificación de Orión
Mi alma es una estrella de Oro
Y con él recorreré el firmamento para siempre.

Este poema nos responde en parte a la pregunta que formulamos al principio. Las pirámides tenían una funcionalidad pragmática orientada a favorecer el viaje del alma del difunto. Ahora bien, ese pragmatismo ¿en qué consistía? ¿Solo se limitaba a escribir conjuros en las paredes? Responder esta pregunta nos hará entender la fuente de inspiración que llevó a los faraones de la IV Dinastía a ejecutar tan magno proyecto. No olvidemos un hecho relevante y absurdo: sus sucesores de la V Dinastía nunca hicieron nada igual, de hecho sus pirámides presentan un aspecto ruinoso, frente a las más antiguas de Gizeh.

El análisis de las pistas matemáticas que encontramos en las pirámides de la IV Dinastía resulta revelador y coincide plenamente con las concepciones cósmicas de las culturas anteriormente comentadas. De este modo, sabemos que el codo utilizado para construir la Gran Pirámide —de 524,1484 mm— se dividía en 28 dedos de 18,7195 mm cada uno. El resultado de la medición de las diagonales de la base, el perímetro, el lado, la apotema, la arista y las perpendiculares trazadas desde el centro de la base y la altura arrojan como resultado los siguientes valores numéricos: 49.280, 34.850, 11.720, 12.320, 9.970, 5.840, 4.840, 7.840. Lo increíble de todo esto es que estos números se convierten en cifras cósmicas. En efecto, representan en días un múltiplo preciso de varios ciclos planetarios. De este modo, 4.840 días es el equivalente de los períodos sinódicos de Mercurio; a su vez, 5.840 días se corresponde con los períodos sinódicos de Venus. Esta vinculación cósmica se acentúa aún más en la Gran Pirámide y está estrechamente relacionada con el viaje de las almas de los faraones muertos.

En los últimos años las exploraciones en la Gran Pirámide han suscitado el interés del público. Por primera vez, el hombre ha ideado pequeños robots que se cuelan por las entrañas de la gigantesca estructura en busca de tesoros. La respuesta de la opinión pública ha sido inmediata y desde entonces el interés por el Antiguo Egipto ha ido en aumento, siendo este uno de los temas de mayor demanda en ámbitos tan dispares como el editorial o el cinematográfico. Egipto está de moda.

Estas construcciones han revelado una funcionalidad astronómica altamente compleja, basada en elaboradísimos cálculos matemáticos que dan como resultado "cifras cósmicas".

Gracias a estas exploraciones hemos descubierto el sobrecogedor significado de algunas infraestructuras internas de la Pirámide. Es el caso de las diminutas aberturas cuadradas, colocadas en perfectos ángulos a través de la mampostería de la pirámide que parten de la Cámara del Rey y de la Reina. Cuatro pasadizos de 20 centímetros parten de ambas cámaras. Desde la Cámara del Rey, un pasadizo asciende en dirección norte y otro en dirección sur hasta la cubierta de la pirámide (en la Cámara de la Reina ambos canales permanecen sellados) Ahora sabemos que estos pasadizos tuvieron una función que vinculaba la Gran Pirámide con el firmamento y en concreto con la constelación de Orión. Robert Bauval demostró lo que muchos otros investigadores antes que él ya sospechaban. En efecto, el canal sur de la Cámara del Rey apunta a Orión y el pasadizo norte, mucho más antiguo, apunta hacia las constelaciones circumpolares, consideradas por los egipcios inmortales e indestructibles, puesto que nunca salen ni se ponen.

La posición estelar es cambiante a lo largo de los milenios. El punto más elevado del arco nocturno de un astro está orientado hacia el sur y se denomina culminación; es esta altura la que cambia por efecto de la precesión. Se analizó la declinación de Orión en intervalos de cien años hasta el 2.500 a.C., época en la que las pirámides ya estaban construidas. Los resultados mostraron que la constelación de Orión se ha desplazado un grado por siglo; consecuentemente, Delta Orionis, la estrella más brillante del cinturón de Orión ha hecho lo propio. Pues bien, esta peculiaridad hace que esta estrella sea capaz, con su luz, de atravesar estos canales cósmicos, en concreto el sur.

El pasadizo sur de la Cámara de la Reina está orientado hacia Sirio que en la mitología egipcia es Isis, la esposa de

Osiris, por lo que la constelación de Orión es Osiris. De hecho, Osiris y su esposa Isis gobiernan los cielos nocturnos del Antiguo Egipto. En plena correspondencia con los Textos Piramidales estos canales servían para lanzar con extrema precisión el alma del faraón a Orión; al reino de los muertos. Pero aquí no acaban las cosas: las tres pirámides de Gizeh se muestran correlativas como el cinturón de Orión y muestran la misma disposición que éste. Son su representación exacta en la Tierra.

Por otro lado, en los Textos Piramidales los egipcios afirman además que la civilización surgió en su país; pues bien, en el interior del gran Templo de Abidos encontramos otros escritos, denominados Tablas de Abidos que contienen un listado de los faraones que gobernaron Egipto. Resulta muy esclarecedor el comentario que el faraón Seti hizo a su hijo Ramses II cuando le llevó a Abidos: "Aquí están, hijo mío, todos los faraones del Antiguo Egipto desde Narmer (el Menes griego). Señalando a la otra pared llena de jeroglíficos Seti le dice a Ramses II: "Esto es lo que pasó mucho antes del reinado de Narmer, hace miles de años, cuando la tierra era gobernada por dioses y semidioses" Aunque parezca increíble, los egiptólogos ignoran este otro lado de la pared, deteniéndose en el 3.000 a.C.

Solapada e intencionalmente los constructores de la Gran Pirámide orientaron los pasadizos antes descritos hacia el lugar del cielo en el que ellos consideraban que estaba el primer faraón divino que fue Osiris, por lo que de una forma metafórica orientaron los canales cósmicos de la Pirámide hacia el Tiempo Primero de la mitología egipcia, el momento en el que surge la civilización; y ¿cuándo fue ese momento?

Con la ayuda de las computadoras Robert Bauval observó que el ajuste preciso entre las pirámides de Gizeh y la constelación de Orión se dio cuando esta comenzó su ascenso y aquello aconteció en el año 10.500 a.C.

Si las pirámides están relacionadas con el Tiempo Primero ¿qué pasa con la Esfinge? Con 72 metros de longitud y 19,80 metros de altura la Esfinge ha resultado ser la clave del enigma. Conforme a lo narrado en numerosas fuentes antiguas, la Esfinge sería la detentora de los secretos de una antigua y avanzada civilización que hace miles de años habría sucumbido bajo una terrible catástrofe. Las tradiciones que hablan de este acontecimiento apocalíptico mencionan un fantasma arqueológico que Platón dio a conocer con el sugestivo nombre de Atlántida.

La geología ha demostrado que la Esfinge no es contemporánea de las pirámides. La elocuente erosión de la Esfinge está a la vista de los egiptólogos desde siempre pero probablemente por ignorancia nunca han contado con este factor para sus estudios. La geología indica que la Esfinge estuvo expuesta a lluvias durante siglos; precipitaciones que dejaron de caer hace miles de años. Por otro lado se observa que el cuerpo de la Esfinge es mucho más voluminoso que la cabeza, ambos elementos no guardan proporción, lo que nos lleva a sospechar que esta fue restaurada en el 2.500 a.C. retocándose la cabeza. La geología no miente y nos dice que ¡la Esfinge contemplaba el nacimiento de la constelación de Leo en el 10.500 a.C! y dado que la Esfinge es un excelente marcador equinoccial esta contemplaba el lugar exacto por donde salía el Sol durante el equinoccio de primavera.

Por increíble que parezca las pirámides y la Esfinge marcan el amanecer de la civilización, el nacimiento de una misteriosa entidad de la que brotó el conocimiento. El Edén, el instante en que comienza nuestra memoria histórica. Esa civilización es asimilada por algunos con la mítica Atlántida.

Capítulo 10

LA CIVILIZACIÓN OLVIDADA

En el *Timeo* de Platón, se nos cuenta que cuando Solón (630-560 a.c.) visitó Egipto, en el 600 a.c., los sacerdotes le narraron la destrucción de un poderoso imperio conocido con el nombre de la Atlántida. Según diversos investigadores, esta debió de sucumbir bajo el influjo de algún importante mecanismo natural incontrolable hace unos diez u once mil años, a pesar de lo cual nos ha sobrevivido el mito de su desaparición bajo las violentas aguas del océano.

Pero no parece existir nada, arqueológicamente hablando, que apoye su existencia. Sin embargo, recientes investigaciones geológicas parecen respaldar los mitos y tradiciones antiguas que nos hablan de antiguas civilizaciones y terribles cataclismos. Midiendo la concentración de oxígeno 18 en los sedimentos, y contrastando estos resultados con los del análisis del carbono 14, los geólogos han llegado a la conclusión de que hace 11.650 años el Océano Atlántico sufrió un gran calentamiento. Estos datos se aproximan bastante al contexto temporal que diversas evidencias egipcias sugieren para el Gran Cataclismo que habría arrasado este continente o conjunto de islas —los especialistas no se ponen de acuerdo— hace unos 11.500 años atrás.

En este sentido, es importante recordar que la subida del nivel de las aguas se produce, sobre todo, por un aumento de la temperatura que dilata el líquido. De modo que estos datos geológicos no demuestran la existencia de la Atlántida, pero sí respaldan el cataclismo que, presumiblemente acabó con ella sumergiéndola, según el mito, en las profundidades del océano para no volver a emerger jamás.

Pero existen además otros hechos significativos que también respaldan la realidad de aquel evento catastrófico. En todo el planeta encontramos tradiciones vinculadas con un desastre de enorme magnitud, conocido como "Diluvio Universal".

Todo el mundo conoce la historia que nos describe la *Biblia*. Noé, tras varios meses a la deriva, desembarca en el monte caucásico Ararat. Sin embargo, esta historia escrita hace unos 2.500 años, tuvo un precedente: la leyenda sumero-babilónica, escrita hace unos 5.000 años y que sirvió de inspiración a la historia de Noé. Uno de esos textos, la epopeya de Gilgamesh, describe básicamente la misma historia que la *Biblia*. El mito vuelve a aparecer en Grecia, donde Decaulión —el Noé clásico—depositará el Arca en la cima del monte Parnaso tras el diluvio. En la India, el mítico naufrago se llama Manú y su nave también se posará sobre la cima de una montaña. En otros países su nombre varía haciendo la lista casi interminable. Estas tradiciones se encuentran en todo el hemisferio occidental, desde Alaska a Tierra de Fuego. Es a través de estos indicios mitológicos que va tomando cuerpo la idea de un pueblo venido del mar después del diluvio universal.

Los supuestos fundamentos de esta teoría los encontramos en la mitología egipcia. En esta se nos habla de Osiris, uno de los hijos de Nut y Geb. Osiris se casará con una de sus hermanas, Isis, y tras fundar la ciudad de Tebas se dedicará a la enseñanza de los elementos básicos de la civilización. Más tarde, a su regreso, lo asesinará su hermano Seth y sus 72 aliados, tras lo cual será arrojado al Nilo en un arca de madera de acacia. Según la leyenda, el arca quedará varada en las cercanías de Tiro durante una larga temporada.

Tras estos acontecimientos, entra en escena Isis, que después de varios años de búsqueda encuentra el cuerpo de su marido. Pero Seth le volverá a arrebatar el cadáver, desmembrándolo en 14 pedazos que esparcirá por otras tantas ciudades, lo que no desanimó a Isis para seguir adelante con su plan redentor.

Ella volverá a reunir los miembros de su esposo, insuflándoles la vida con la ayuda de los dioses Toth y Anubis. Osiris resucitado engendrará en ella un hijo, Horus, que vengará a su padre, quitándole la corona a Seth y unificando Egipto.

En muchas otras historias, como en ésta, hay dos entidades hermanadas que, sin embargo, son enemigas. Una de las entidades representa el conocimiento. Se trata de un pueblo portador de cultura que será vencido y dispersado en una primera batalla. Durante su aventura cederá parte de sus conocimientos a los pueblos próximos al mar y, finalmente, tras el paso de varias generaciones, incitará a la revancha en una nueva contienda que le llevará a la victoria y a la recuperación del poder perdido.

En esta historia encontramos los eslabones que nos guían en la búsqueda de una ciencia prehistórica olvidada, cuyos restos se encuentran diseminados en lugares estrechamente relacionados con la toponimia descrita en el mito.

Si especificamos las reseñas geográficas a las que hace mención la leyenda de Isis y Osiris, observamos que el drama transcurre en el Sur de Egipto, comenzando por Tebas, para continuar por las ciudades de Atribis, Bubastis, Busiris, Sais y Balamun. Luego, cuando Isis continúa recorriendo el Nilo, visitando Heliópolis, Menfis, Cusae, Abydos, Asiut, el Fayum, Dendera y la isla Elefantina. También tenemos que citar a Biblos y Buto. El primero, porque fue allí donde se encontró, por primera vez, el cuerpo entero, y el segundo porque fue esa localidad a la que Isis lo llevó de regreso a Egipto.

"Los visitantes —los civilizadores— ordenaron a los egipcios que construyeran edificaciones especiales. Según la leyenda, a los sacerdotes de cada uno de aquellos lugares marcados en el mapa les aseguraron que recibían el cuerpo entero de Osiris y no un trozo de él" (Tomas, *En las orillas...*, 129). Desde esta óptica interpretativa, el cuerpo de Osiris es asimilado con el legado secreto de la ciencia de las pirámides. Los puntos geográficos en los que transcurre el mito contienen las claves documentadas que parecen autentificar la existencia de una Cámara Oculta, en la que se custodia —desde hace siglos— la sabiduría de una magnífica civilización.

En la ciudad de Tebas hallamos las primeras indicaciones de una ciencia prehistórica. El dispositivo que daba voz al coloso parlante de Memnón no fue entendido por los ingenieros romanos, que no tardaron en estropearlo para siempre. En este lugar encontramos otra muestra arqueológica singular: la cámara funeraria del arquitecto Senmouth. El interior de la tumba contiene una carta astronómica con los puntos cardinales invertidos, tal y como era visto el firmamento hace doce mil años desde estas latitudes. En Dendera, encontramos otra representación Zodiacal en la cual los signos están dispuestos con Leo en el equinoccio vernal, tal y como aconteció hace unos 12.000 años.

A su vez, en Oxyrhynchus existen dos papiros con extractos de sumo interés para los propósitos perseguidos en esta obra. El papiro 654 dice: "que busque incesantemente hasta hallarlo, que cuando lo halle se maravillará, y cuando se maraville reinará". El papiro 655, a su vez, comenta: "Habéis escondido la clave del conocimiento".

Resulta paradójico que los autores modernos consulten a Herodoto, Platón o Manetón y, sin embargo, esquiven las fuentes que hacen mención a los dioses –gobernantes del Egipto predinástico. Sin embargo, también esta información ha llegado hasta nosotros gracias al historiador Manetón. Conforme a estas fuentes, la primera dinastía de semidioses se implantó en torno al año 9013 a.C. En otras, como en el Papiro de Turín, se nos habla del 8813 a.C. La etapa histórica a la que aluden estas dos informaciones se aproxima al contexto temporal de hace 12.000 años.

La localidad de Buto comparte con Sais y Bubastis la supuesta existencia de escondites secretos en los cuales está almacenado todo tipo de materiales relacionados con una vieja y desaparecida tradición científica. Platón asegura que en el templo de Neith, en Sais, hay cámaras secretas en las que se ocultan archivos con más de 9.000 años de la antigüedad.

El nombre de Buto evoca de inmediato la personalidad de una diosa con ciertas reminiscencias precolombinas. Cabe la posibilidad que la leyenda hable en realidad de uno de aquellos gobernantes civilizadores. La reina Bota, al igual que Quetzalcóalt, tiene la forma de serpiente emplumada. Este símbolo tan universal va unido a la transmisión de conocimiento y lo encontramos también en Australia.

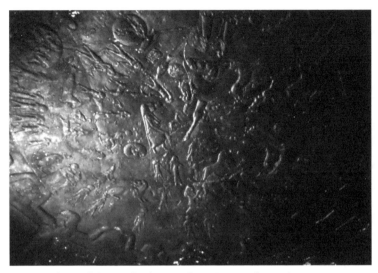

Zodiaco del templo de Dendera. Este zodiaco denota una comprensión del cosmos que todavía hoy resulta difícil de asimilar. Comienza con el signo de Leo en el equinoccio de primavera y abarca un contexto temporal amplísimo comprendido entre los años 10950 y 8800 a.C.

CÁMARAS SECRETAS

El historiador romano Amiano Marcelino (siglo IV) hizo las siguientes apreciaciones respecto a las pirámides: "las inscripciones que, según los antiguos, estaban esculpidas en las paredes de ciertas galerías subterráneas construidas en el interior de algunas de las pirámides pretendían preservar la vieja sabiduría para que no se perdiera con las inundaciones". Otro cronista de la misma época, Eusebio, escribió que "Agatodemón había depositado rollos de pergamino en las bibliotecas sagradas de los templos egipcios". Tres siglos antes del nacimiento de Cristo, un cronista llamado Crantor dijo a su vez que "en Egipto hay pilares y torres que contienen un archivo escrito en la Prehistoria". Todos estos indicios apuntan en una dirección: la "biblioteca oculta" cercana a la Esfinge y las cámaras secretas de las pirámides.

El complejo pirámides-esfinge puede ser, definitivamente, el lugar donde se guardan los archivos secretos de la desaparecida civilización que pudo legar parte de estos conocimientos. El historiador griego Herodoto, que visitó Egipto en el siglo V a.C., afirma en sus escritos que los sacerdotes le hablaron de cámaras subterráneas en el montículo donde se levantan las Pirámides. El rey Keops las convirtió en cámaras sepulcrales para sí, en una especie de isla, trayendo un canal desde el Nilo.

En el año 820 d.C., el califa Al Mamoun abrió un túnel en la cara norte de la Gran Pirámide con la clara intención de encontrar una estancia secreta con mapas de las estrellas y esferas terrestres. También el escritor árabe Altelemsani redactó un manuscrito —en la actualidad se conserva en el Museo Británico— en el que comenta la existencia de estos pasadizos: "En los tiempos de Ahmed Ben Tulún, entró un grupo de personas en la Gran Pirámide. En una de sus cámaras encontraron una copa de vidrio, de singular aspecto y textura". Otro historiador del siglo X, Masoudi, alude a los descendientes directos de los egipcios: los coptos. Éstos le contaron que en la noche de los tiempos el faraón ordenó a sus sacerdotes que escondieran dentro de bóvedas las memorias escritas de cuanto habían aprendido y adquirido de las distintas artes y ciencias. El historiador comentó que "en el interior de la pirámide de Menkaura (Micerinos) existen treinta cavidades secretas llenas de extraños tesoros, tales como un hierro que no se oxida o un cristal que podía doblarse sin romperse".

Todas estas reseñas históricas han motivado a lo largo del pasado siglo y el comienzo del actual numerosas exploraciones, tanto de la Gran Pirámide como de la Esfinge, encaminadas a resolver el enigma. La primera expedición fue llevada acabo en 1966 por el doctor Luis W. Álvarez. La exploración recibió el nombre de "Proyecto Pirámide" y pretendía demostrar, mediante la utilización de los rayos cósmicos, la existencia de cámaras y galerías ocultas en el interior y en el subsuelo del monumento. Un año más tarde, y con el beneplácito de las autoridades de El Cairo, comenzó la emisión de rayos X.

La técnica es muy sencilla. Como sabrá el lector, estamos siendo bombardeados constantemente por rayos cósmicos, que son capaces de traspasar la materia, independientemente de cual sea su composición atómica. Ahora, mientras usted lee este libro, miles de estas inofensivas partículas de energía procedentes del espacio exterior atraviesan su cuerpo a una velocidad diferente a la que entraron. Esto quiere decir que si estos rayos pasan por un espacio en el que no hay materia, su velocidad será más alta que si viajan a través de una masa densa. Esta fue la pauta seguida en los sondeos. Si existen galerías o cavidades de cualquier tipo, los rayos viajarán más rápidamente, dejando las correspondientes marcas sobre la película.

Por desgracia estos esfuerzos resultaron infructuosos. Pero años más tarde, en 1988, un equipo japonés de la Universidad de Waseda, utilizando ondas electromagnéticas y radar, detectó un gran espacio vacío tras la pared Noroeste de la Cámara de la Reina y un túnel en la parte exterior sur, bajo la pirámide.

Las pirámides y en concreto la de Kéops, podrían albergar cámaras ocultas. En 1993, el ingeniero alemán Rudolf Gantenbrink exploró la Gran Pirámide de Kéops y encontró un pasadizo ascendente que tenía su origen en la Cámara de la Reina.

Esto demuestra, que las indagaciones del "Proyecto Pirámide" fallaron porque se carecía de los medios tecnológicos adecuados, ya que con aquellos aparatos era imposible registrar la presencia de cualquier tipo de galería o túnel a tales profundidades.

Nuevas exploraciones llevadas a cabo a principios de los noventa demostraron que las leyendas y documentos antiguos que hablan de pasadizos y cámaras inexploradas podrían tener una base real. La Esfinge fue objeto de este tipo de escaneados y los resultados arrojaron fuertes evidencias, en sintonía con las profecías de Edgar Cayce, quien afirmó que los documentos de la Atlántida estaban escondidos y se encontrarían en el interior de la Esfinge en 1998.

En 1982, el arqueólogo M. Lehner, con la financiación de la Fundación Edgar Cayce, comenzó las indagaciones sismográficas. Pusieron la sonda debajo de la garra derecha y siempre se recibía una señal clara, lo que indica que no existe una cavidad subterránea que la bloqueara. La pasaron a todo lo largo de la pata, por la parte exterior y el ángulo, y la señal seguía siendo nítida. Después, a instancias de Lehner, la pusieron en el suelo de la roca y en tres sitios no se recogió señal alguna, como si hubiera un vacío debajo que la bloqueara.

La inesperada cavidad detectada por el sismógrafo estaba situada precisamente donde Cayce dijo que estaría. Estas prospecciones fueron corroboradas a finales de los ochenta por las indagaciones llevadas a cabo por J. A. West y R. Schoch, que, con un instrumental de alta tecnología, volvieron a captar bajo la Esfinge la presencia de anomalías indicativas de cavidades entre las garras del lecho rocoso y a lo largo de los costados del monumento.

Estas campañas científicas deberían poner en guardia a los egiptólogos y estimular a su vez las prospecciones. Sin embargo, las autoridades egipcias son las que tienen la última palabra y hasta la fecha no se han sentido suficientemente motivadas para llevar a cabo estas campañas arqueológicas a la luz del día; o lo que es lo mismo, oficialmente; porque extraoficialmente me consta que el gobierno egipcio está trabajando en este misterio en secreto.

En cualquier caso, todos estos datos nos remiten con claridad a la Era de Leo, que abarcó desde el 10970 hasta el 8819 a.C. Se trata de auténticos indicios que volvemos a ver reflejados tanto en la forma de la Esfinge —que representa precisamente la figura de un León— como en la orientación astronómica que tenía, conforme a esta teoría, en el 10500 a.C.

Pero las sorpresas no acaban aquí. Si nos aproximamos a la Esfinge y escudriñamos con nuestros ojos la cabeza, observaremos el símbolo de un ofidio.

Los faraones llevaban una doble corona, compuesta por un halcón que simbolizaba el sur de sus dominios y una serpiente que representaba el Egipto septentrional. Pero la Esfinge parece haber tenido una sola corona de serpiente. Lo que nos remonta a los tiempos del mito serpentario en la América precolombina o a su equivalente en los templos camboyanos de Angkor.

Después de considerar esta información, podemos arriesgarnos a intentar descubrir la auténtica identidad de aquellos civilizadores. En el Templo de Edfu están grabados los Textos de la Construcción. En éstos se nos habla de unos constructores conocidos con el nombre de los Siete Sabios, procedentes de una isla arrasada por las aguas. Estos sabios fundaron una hermandad secreta, con el objetivo de preservar, generación tras generación, algunos de los conocimientos matemáticos y astronómicos más relevantes.

Por lo tanto, cabe la posibilidad de que estos sabios planificaran las pirámides de Gizeh miles de años antes de que se construyeran. En la misma línea, las fuentes egipcias consultadas por el escritor G. Hancock mencionan una organización cuya existencia apoya las argumentaciones de quienes creemos que, en la Era de Leo, llegaron a Egipto los supervivientes de una entidad civilizadora.

Según estas fuentes, antes incluso de que existiera el Egipto faraónico, el país estuvo gobernado por una organización semidivina que poseía grandes conocimientos científicos. Los textos de Edfu nos dicen que esa organización de sabios era conocida con el nombre de Shemsu-Hor, que significa "Compañeros de Horus". Su misión consistía en legar esos conocimientos a las generaciones futuras, pero herméticamente, pues no todo el mundo podía acceder a ellos.

Para mayor desconcierto, algunas tradiciones centroamericanas describen otra hermandad hermética, pero en esta ocasión en estrecha relación con las culturas precolombinas: los "Compañeros de Quetzalcóatl". Esa organización sería la responsable de llevar a buen término la construcción de la ciudad de Teotihuacán, transmitiendo así unos conocimientos que se seguirían perpetuando en los constructores que heredaron esta ciencia en la América precolombina. Además, existe un indicio arqueológico que nos remite al contexto temporal en el que debieron de estar presentes aquellos civilizadores del Nuevo Mundo.

Hoy sabemos que, en Tiahuanaco, en la zona ritual de Kalasasaya se practicaban ciertos rituales relacionados con la bóveda celeste[74]. El papel astronómico de este lugar es ostensible: existen dos puntos de observación del recinto que señalan el solsticio de invierno y el de verano. Actualmente, los dos trópicos están exactamente a 23° y 30´ al norte y al sur del ecuador, pero los dos puntos del solsticio en el Kalasasaya revelan que fueron construidos cuando los trópicos se hallaban situados a 23° 8´ y 48 segundos del ecuador, es decir, en torno a la mágica fecha del 10500 a.C. Justo la época en la cual, según describen las tradiciones centroamericanas, los "Compañeros de Quetzalcóatl" llevaban a cabo su proyecto civilizador en América. Todo esto nos conduce hasta un antepasado civilizador común de los mayas, los aztecas, los olmecas, el Egipto dinástico y la cultura megalítica.

---

[74] Revista *Año Cero*, número 90.

Estas gliptografías
tuvieron un
indudable sentido
hermético. Un
lenguaje pétreo que
tiene su origen en el
pasado remoto
de la Humanidad.
(Foto: Tomás Martínez)

Al estudiar estos monumentos antiguos se nos revelan nuevos y excitantes hechos arqueoastronómicos que evidencian la enorme magnitud de los conocimientos técnicos y científicos de aquella civilización. Lo que nos invita a considerar muy seriamente la posibilidad de que, en efecto, muchas de las principales manifestaciones arquitectónicas del pasado apuntaran al firmamento en la Era de Leo, en el año 10.500 a.C, como conmemoración de algún acontecimiento extraordinario; tal vez ¿el resurgimiento de la civilización después de un terrible cataclismo?

Por aquellas remotísimas fechas, los templos camboyanos estaban orientados hacia la constelación del Dragón, la Esfinge hacia Leo y las pirámides hacia Orión, una constelación a la que han dado mucha importancia las culturas de gran parte del planeta a lo largo de los siglos.

Pero lo más insólito de todo esto es que dicha tradición de transmisión de conocimientos se perpetuará en el tiempo, e incluso hay quien especula —como en el caso de M. Moreau— con la posibilidad de que exista una orden o hermandad de estas características en la actualidad. Lo cierto es que nos volvemos a encontrar con los misteriosos. "Compañeros" en la Edad Media.

Los constructores herméticos medievales inaugurarán una nueva etapa de esplendor arquitectónico con referencias arqueoastronómicas tan intensas como las expresadas por sus colegas de la antigüedad. Entonces, de nuevo renació con fuerza el arte sagrado que inspiró la cultura egipcia o la megalítica y que tendrá su traducción más plausible en el arte románico y gótico.

Al igual que pasó en su día con la Gran Pirámide, los herederos medievales de esta tradición compañeril yuxtaponen circunferencias enteras o parciales y figuras angulares y rectas. La unión del cuadrado y del círculo resulta, en contra de lo que pudiera parecer, armónica.

En dichas construcciones, desde las más modestas a las más sobresalientes, como es el caso de las catedrales, está presente el concepto hermético egipcio al que los Templarios denominaron "cuadratura del círculo". Estas dos figuras geométricas están predispuestas de tal forma que sirven de base geométrica a alegorías simbólicas de un pasado muy lejano.

En los muros medievales encontramos símbolos diversos. Estas "marcas compañeriles"[75] guardan relación directa con los petroglifos prehistóricos europeos, aunque también nos topamos con otros estilos iconográficos bastante curiosos. Así, por ejemplo, hallamos letras propias del íbero, inscripciones latinas griegas, correspondencias oghámicas, símbolos y letras propias de otros contextos geográficos y temporales radicalmente distintos, como es el caso de los tiffinagh. Eventualmente, esta variedad simbólica se ve enriquecida con diseños relacionados con las estrellas.

Las catedrales medievales son el equivalente egipcio de las grandes pirámides. Los "Compañeros" medievales se esmeraron en su construcción, orientándolas en la dirección este-oeste, para de este modo señalizar los puntos cardinales con mayor carga simbólica.

Dichas catedrales poseen funciones arqueoastronómicas demostrables, como se ve en el caso de la catedral gótica de Chartres, en Francia, cuya edificación revela todas las pautas constructivas de los antiguos egipcios.

La catedral de Chartres se erige en un escenario lleno de misterio. Según la tradición, antes de que los celtas y galos echaran raíces en este lugar, los constructores megalíticos ya habían estado en aquel lugar mucho antes erigiendo un dolmen y un pozo en el mismo espacio en el que hoy se erige la catedral. El dolmen poseía una cámara en cuyo interior emanaba la energía telúrica del planeta. Como consecuencia de esta creencia este lugar es considerado sagrado desde entonces. Posteriormente, los enigmáticos druidas atraídos por la magia de este espacio sagrado decidieron establecerse allí. El caso es que, según reza la tradición, profetizaron la

---

[75] Técnicamente denominadas gliptografías.

venida al mundo de una virgen que daría a luz un niño. Como consecuencia de esta visión, elaboraron la imagen de una virgen de madera con un niño sentado en sus rodillas. Con el tiempo, la talla se fue oscureciendo en el interior de la húmeda gruta megalítica en la que permaneció oculta durante mucho tiempo. La llamaron Virgen Bajo la Tierra.

En el siglo III los primeros cristianos que la encontraron la extrajeron ennegrecida de la misteriosa gruta y decidieron adorarla como Virgen Negra iniciando la construcción de la misteriosa catedral gótica de Chartres en su nombre. Y digo misteriosa por varios motivos que la enlazan directamente con el Cosmos. Uno de ellos se manifiesta todos los mediodías del solsticio de verano en el que un rayo de sol atraviesa una cristalera transparente iluminando con exactitud matemática el saliente visible de una losa rectangular que destaca sobre las demás debido a su disposición oblicua. En esta fabulosa manifestación arquitectónica se han conjugado, como aconteció en el pasado más remoto con otras construcciones, tres ciencias: la geometría, la arquitectura y la astronomía; pero hay más, el plano de la catedral se diseñó conforme a las proporciones propias de la ley del número de oro[76], presente en todas las grandes obras arquitectónicas de la humanidad. Las longitudes de la nave, el coro, los cruceros, las distancias entre los pilares, son múltiplos del número de oro, también conocido como la proporción áurea o la proporción divina. Esa relación misteriosa arranca de una recta geométrica descubierta por Euclides hace más de dos mil años de la que aflora una proporción que luego surge en las galaxias, en el creci-

---

[76] Si se divide el valor de pi (3,1416) entre 12, obtenemos el valor numérico de la relación existente entre el círculo y el cuadrado, que es 0,2618. Esta resultante nos lleva directamente al número de oro, que es el resultante de restar 1.000 de 0,2618 = 0,1618.

miento de los pétalos de las flores...pero también en los monumentos más antiguos de la humanidad. El número de oro enlaza con el Universo puesto que es la relación directa entre los números y la creación en su conjunto.

Resulta increíble que a partir de algo tan simple, como lo que hizo Euclides en el año 300 a.C., se descubriera un número que luego aparece solapado en las plantas, en las galaxias, en la dinámica de los agujeros negros, en la estructura microscópica de algunos cristales, en el caparazón del nautilos, en la Mona Lisa de Leonardo Da Vinci...Ese número mágico es conocido como número Fi y la forma de obtenerlo es sencilla.

A partir de cualquier número hay que sumarle el siguiente en orden ascendente. Empecemos, por ejemplo con el cero. Obtendremos una secuencia numérica infinita formada, lógicamente, por números cada vez más grandes:

$$0 + 1 + 1 + 2 + 3 + 5 + 8 + 13 + 21 + 34 + 55 + 89 + 144 + 233 + 377 + 610 + 987...$$

El número Fi se encuentra dividiendo cada término entre el anterior y sorprendentemente el resultado de este cálculo, a medida que lo realizamos entre los términos ascendentes de la secuencia se acerca paulatinamente a un número cuyos decimales son infinitos dando como resultado: 1.618033. El descubrimiento de este peculiar milagro matemático se lo debemos al italiano Leonardo Pisano a principios del siglo XIII a pesar de que el misterioso número ya había sido definido 1.500 años antes por el griego Euclides. Para ello, Euclides imaginó una recta imaginaria, después ideó un punto concreto que dividiese la recta en dos segmentos más pequeños. Ambos segmentos debían tener una proporción concreta que se definía así: La relación entre el segmento mayor y la recta debía ser la misma que la del segmento mayor y el menor, y la división

de ambas longitudes, independientemente del tamaño de la recta inicial daba lugar a un número: el número Fi que definía la denominada proporción divina.

La catedral de Chartres combina una variada simbología áurea. Un ejemplo es el rectángulo áureo elaborado a partir de dos segmentos cuya proporción es Fi. Otro interesante ejemplo es el pentágono regular en el que se esconde esta misma proporción, de hecho, la relación entre sus lados y diagonales está definida por el número Fi siendo en el interior de esta figura donde hallamos el triángulo áureo. Por otro lado, cuando se divide el rectángulo y el triángulo obtenemos rectángulos y triángulos áureos más y más diminutos en su interior hasta configurarse un mismo motivo: una espiral logarítmica que se encuentra en los más variopintos lugares del reino natural y a la que expresamente se alude dentro de la catedral en cuyo interior se cobija un enorme laberinto con reminiscencias claramente paganas.

Todos los mediodías, durante el solsticio de verano, un rayo de sol atraviesa una cristalera transparente e ilumina exactamente un saliente visible de una losa rectangular, que resalta sobre las demás debido a su posición oblicua. Es obvio que aquí se han conjugado como en el pasado remoto, tres ciencias: geometría, arquitectura y astronomía. Pero hay más, el plano de la catedral se diseñó con proporciones que seguían el número de oro, presente en todas las grandes obras arquitectónicas de la Humanidad, pues tiene una clara correspondencia con las unidades de medida de todas aquellas culturas cósmicas. No se trata del único ejemplo que relaciona de una manera muy profunda las catedrales con el Cosmos y la magia de los números. Otro ejemplo lo tenemos en la ruta cósmica de Santiago y la famosa catedral de Compostela. Estos ejemplos demuestran la continuidad, a lo largo de los milenios de una tradición que trata de vincular al hombre con el Universo y sus misterios más profundos.

Después de seguir el rastro de las entidades civilizadoras del pasado y de comprobar que estas realmente existieron —al margen de la interpretación de su naturaleza y génesis cultural— todavía cabe desarrollar ciertas cuestiones. Así las cosas, ¿por qué las civilizaciones del pasado estaban tan preocupadas por medir los mecanismos que rigen el Universo?; ¿existía algún propósito en especial? Aquellos "dioses" de la tradición se tomaron grandes molestias para adoctrinarnos; ¿por qué se tomaron tanto interés en instruir a nuestros antepasados en las artes básicas de la civilización?

Capítulo 11

LA REVELACIÓN DE LOS DIOSES

Según testimonios rigurosamente históricos, el 25 de junio de 1178 nuestro satélite natural fue brutalmente embestido por un fragmento espacial cuyo impacto liberó una cantidad energética similar a la generada por una explosión termonuclear masiva. Siglos más tarde, un 30 de junio de 1908 un fragmento de materia cósmica (probablemente la porción de un cometa) impactó de lleno sobre una zona deshabitada de Siberia[77], desintegrando todo vestigio de vida en varios kilómetros a la redonda. No deja de ser curioso que a finales del mes de junio de 1975 los astrónomos fueran testigos excepcionales de otro masivo bombardeo cósmico sobre la superficie de nuestro sufrido satélite[78]. Los asteroides

---

[77] Me estoy refiriendo a la localidad siberiana de Tunguska. Durante décadas algunos especialistas han tratado de demostrar que lo que cayó realmente en este apartado lugar fueron los restos de una nave alienígena. Yo por mi parte no he visto nada, hasta el día de hoy, que respalde tan arriesgada suposición.
[78] Creo que el hecho de que estos acontecimientos se den a finales de junio no responde a la casualidad, sino a algún mecanismo cíclico de carácter cósmico que precisa de un análisis exhaustivo por parte de los astrofísicos de nuestro siglo.

que en esta ocasión impactaron con la Luna viajaban a una velocidad superior a los ¡100.000 kilómetros por hora!

En marzo de 1993, Eugene y Carolyn Shoemaker en compañía del "cazador de cometas" David Levy, identificaron un fragmento de hielo sucio en las profundidades del espacio exterior. Poco después, el objeto era catalogado en los archivos informáticos del observatorio californiano de Monte Palomar.

El equipo de astrónomos gozaba de gran popularidad entre sus colegas del gremio. Entre los tres, sumaban la nada despreciable suma de 82 cometas descubiertos. El nuevo objeto cometario clasificado como D/1993 F2 acabaría siendo conocido en todo el mundo con el nombre de cometa Shoemaker-Levy 9. El siguiente paso, tras la catalogación, era la de calcular la trayectoria del objeto.

Después de introducir los parámetros en la computadora y establecer la que podría ser la secuencia lógica de la trayectoria, los astrónomos se dieron cuenta de que el trozo de hielo (de unos diez kilómetros de diámetro) acabaría siendo atrapado por el campo gravitatorio del planeta Júpiter. La excesiva presión ejercida sobre el fragmento cometario convirtió el objeto en una veintena de pequeños pedazos de hielo. Como consecuencia, los trozos del cometa fueron nuevamente capturados por la gravedad del Sol iniciando una órbita más en torno a nuestra estrella. En marzo del año siguiente, una mortífera caravana de material cósmico se precipitó a una velocidad superior al medio millón de kilómetros por hora, sobre la superficie del gigante gaseoso.

A los pocos días del espectacular impacto, el astrofísico David Levy mostraba su preocupación ante los medios de comunicación. Si un impacto de estas características podía acontecer en Júpiter, nada impediría que eso mismo pasara en nuestro planeta en un futuro próximo. En palabras del propio

Levy "no se trata de saber si la Tierra será alcanzada, sino de cuándo". Lo que este suceso ha demostrado es que Júpiter puede capturar un objeto estelar inferior a su masa (un planeta, un asteroide, etc.), hacerlo añicos y desviar esos trozos de material hacia una órbita de colisión con nuestro planeta.

Hasta hace unas pocas décadas pensábamos que la Tierra era un lugar seguro y estable en el que podíamos sentirnos relativamente protegidos de las amenazas del Cosmos. Desde marzo de 1994, nuestra perspectiva ha cambiado radicalmente. Ahora sabemos que ahí fuera nos acechan serios peligros que pueden llegar a poner en riesgo la continuidad de la vida en nuestro planeta. Décadas de observación y de estudio geológico demandan nuestra atención sobre los peligros naturales que de un plumazo nos pueden hacer desaparecer de la faz de la Tierra. Además de los fenómenos catastróficos que se generan en el interior de nuestro planeta, en los que se llevan la palma los super volcanes[79],

---

[79] Sus efectos destructivos son de una magnitud que supera con creces la imaginación. Según los geólogos en la actualidad existe al menos un supervolcán en el parque Yellowstone (Wyoming, EEUU) cuya actividad presenta indicios de una futura erupción relativamente próxima. Para los científicos de la Sociedad Geológica de Londres este volcán amenaza seriamente nuestro planeta. Aunque ha permanecido inactivo en los últimos 640.000 años, la deformación de la superficie y otros indicios captados por satélite señalan que el volcán todavía está activo. La última erupción del Yellowstone cubrió con una manta de ceniza gran parte del norte de los EEUU, originando un cráter de 84,4 kilómetros de largo y generó una gigantesca columna de gases cuya acción modificó el clima del planeta durante mucho tiempo. La erupción de un supervolcán despide kilómetros cúbicos de roca, ceniza, polvo y dióxido de sulfuro a la parte alta de la atmósfera, donde bloquean la radiación solar, con lo que bajan las temperaturas a escala global, produciéndose una especie de invierno nuclear. Las consecuencias de una explosión provocaría una convulsión internacional de efectos imprevisibles. A los pocos días, miles de toneladas de material volcánico serían lanzadas a la atmósfera, garantizando un colapso climático que nos llevaría en pocas semanas a una nueva glaciación.

existen otros de carácter extraterrestre cuya capacidad destructiva puede llegar a ser definitiva.

Luann Becker lleva estudiando los trazadores de impactos extraterrestres desde principios de los noventa[80]. Basándose en el número de cráteres de nuestro satélite, calculó que al menos unos sesenta asteroides han llegado a colisionar con nuestro planeta en los últimos 600 millones de años. Incluso —comenta Becker— el menor de esos choques habría dejado una cicatriz de 95 kilómetros de anchura provocando una explosión equivalente a la detonación de diez billones de toneladas de trinitrotolueno[81]. En los últimos tiempos están registrándose nuevos trazadores de impactos cósmicos importantes.

No solo los geólogos encuentran vestigios de colisiones, los registros fósiles estudiados por los paleontólogos han confirmado la existencia de trazadores indirectos que corroboran, al menos, tres de las cinco grandes extinciones hasta ahora reconocidas. Es el caso del impacto que asoló, hace unos 250 millones de años, el planeta al aniquilar el 90% de las especies de la Tierra. Otros golpes meteóricos fueron los responsables de extinciones en masa algo "más livianas", con un resultado aproximado de algo más del 50% de especies extinguidas. La extinción en masa más popular entre la opinión pública aconteció hace unos 65 millones de años y, al parecer, fue responsable de la desaparición definitiva de los dinosaurios.

En 1980, un equipo de la Universidad de California en Berkeley halló el primer indicativo geológico ligado a esta

---

[80] En 2001 se le otorgó la Medalla de Servicio Antártico de la Fundación Nacional de la Ciencia de los EEUU por su labor en las campañas de recogidas de meteoritos en la Antártida.
[81] BECKER, Luann. Investigación & Ciencia: Pág. 17.

extinción en masa. El Premio Nobel de Física, el doctor Luis Álvarez y su hijo el geólogo Walter Álvarez, dieron a conocer al mundo los resultados de sus indagaciones en una capa de arcilla ubicada en las proximidades de Gubbio en Italia.

Los científicos habían detectado una inusual concentración de iridio, elemento cuya presencia en las rocas terrestres es muy extraña. Esto no pasa con los meteoritos, en donde el iridio es el elemento más abundante.

El equipo de Berkeley calculó que la cantidad media diaria de polvo cósmico depositada no podía explicar los resultados de las mediciones de iridio. Animados por este hecho, llegaron a la conclusión de que se trataba de los restos depositados tras la explosión producida por un meteorito que impactó con la Tierra hacía exactamente el mismo tiempo que tenía la muestra de arcilla estudiada: 65 millones de años, una muestra cretácica contemporánea de la Era de los Grandes Saurios.

Con el tiempo se hallaron repartidos por todo el mundo, más de cien yacimientos cretácicos con niveles excesivos de iridio. Se descubrieron, además, tres trazadores adicionales de impactos extraterrestres: las bruscas deformaciones que presentan las rocas terrestres, el cuarzo con huellas inequívocas de violentos choques y las elevadísimas concentraciones de hollín. A principios de la década de los ochenta se hicieron notables descubrimientos en esta línea. Jan Smit, de la Universidad Libre de Amsterdam descubrió gotitas microscópicas de vidrio (microesférulas) que fueron consecuencia directa del rápido enfriamiento de la roca fundida que, tras el estallido, fue expulsada hacia la alta atmósfera en el momento del choque meteórico.

Las únicas fuerzas capaces de deformar el cuarzo son las erupciones volcánicas y los impactos de asteroides. De hecho, el cuarzo es un material muy estable y altamente resistente a las presiones y temperaturas excesivas a las que por otra parte está acostumbrado. Este material lo encontramos abundantemente en las profundidades de la corteza terrestre. Los vulcanólogos han sacado a la luz muestras geológicas fracturadas por los granos de cuarzo, pero sólo, y he aquí lo más importante, en una única dirección, no en las múltiples que aparecían en los ejemplares dañados por la explosión meteórica.

En 1980, los especialistas detectaron niveles altísimos de cenizas y hollín producidos por los miles de incendios que el impacto provocó. Finalmente, la prueba definitiva no tardaría en llegar. Tony Camargo y Glen Penfield, de la empresa nacional mexicana de petróleo PEMEX, descubrieron casualmente —mientras hacían una prospección rutinaria— una enorme estructura circular enterrada en el Golfo de México. Aquella estructura resultó ser la prueba definitiva de la extinción de los dinosaurios: un profundo cráter de 180 kilómetros de diámetro.

Como muy bien señala Luann Becker, "el hallazgo de un verosímil cráter de impacto marcó un punto crítico en la búsqueda de las causas de las perturbaciones climáticas extremas y las extinciones en masa; la apartó de las fuentes terrestres, como el vulcanismo, y la orientó hacia los episodios singulares y catastróficos" (Becker, 18)[82]. Tanto los volcanes como los impactos cósmicos expulsan hacia la atmósfera grandes cantidades de material tóxico (ceniza, dióxido de carbono, azufre...) que repercuten negativamente en el ecosistema global, desencadenando bruscos cambios en el clima y la degradación violenta del medio ambiente.

---

[82] BECKER, Luann. "Impactos Repetidos". *Investigación y Ciencia*. Mayo, 2001.

Mientras la liberación instantánea propia de un impacto puede contribuir a la eliminación paulatina de las especies biológicas en unos miles de años, el vulcanismo a gran escala continua expulsando los elementos nocivos a lo largo no de miles sino de millones de años, y prolonga sus perniciosos efectos sobre los seres vivos tanto vegetales como animales. Aunque el cambio climático inducido por el vulcanismo contribuyó a la desaparición de ciertas especies, la vida estaba en fase de regeneración antes de que la actividad propia de un supervolcán cesara, lo que hace más factible la teoría del choque meteórico.

Una vez que se sabe que los impactos extraterrestres pueden acontecer, y de hecho sabemos que han acontecido, las historias del diluvio universal al que hacen referencia todas las culturas del planeta podrían hacer una descripción literal de una inundación a escala global absolutamente real.

Resulta muy difícil entender, desde el punto de vista geológico, una inundación a escala planetaria[83]; sin embargo, desde que conocemos cuales serían los efectos físicos generados por un impacto cósmico sobre la superficie de nuestro planeta, ya no resulta imposible esa apreciación tradicional.

Dado que el 71% de la superficie terrestre está cubierta por los océanos, lo más probable, desde un punto de vista estadístico, es que cualquier objeto que se vea abocado a impactar con la Tierra lo hará en cualquiera de nuestros océanos[84].

---

[83] Entre otras cosas porque no existe suficiente cantidad de agua como para inundar el planeta entero.

[84] Nuestros satélites de observación geológica nos han brindado, sin embargo, pruebas de impactos extraterrestres en épocas lejanas. Durante 1994, los ojos del Spaceborne Imaging Radar vieron las dramáticas huellas de dos cráteres cercanos, en Aorounga, al norte del Chad. La geóloga de la NASA,

Las simulaciones por ordenador no dejan lugar a dudas, la consecuencia de un impacto sobre el mar liberaría una cantidad de energía tan poderosa que formaría un enorme aro de agua a modo de ola gigantesca —lo que se conoce con el nombre de tsunami— con una capacidad destructiva inimaginable. Estas olas viajarían a velocidades superiores a los 640 kilómetros por hora arrasando todo lo que se encontraran a su paso, y, literalmente, inundando gran parte del planeta temporalmente[85]. Después, según fueran regresando las aguas al agujero provocado por el impacto, se formaría otra segunda ola gigante con, aproximadamente, un 60% de la energía de la anterior[86].

Adriana Ocampo, comentó al respecto: "Los cráteres de Aoronga son sólo la segunda cadena de grandes cráteres conocidos en la Tierra y, aparentemente, se formaron por la ruptura antes del impacto de un gran cometa o asteroide. Los fragmentos son de tamaño muy similar —menos de un kilómetro y medio de diámetro—, al igual que los cráteres — entre once y dieciséis kilómetros de ancho—". Esta geóloga está convencida de que estos impactos extraterrestres datan de al menos unos 360 millones de años. Un momento en el que los fósiles nos indican un retroceso biológico próximo a la extinción: "Los impactos de Chad no son lo suficientemente grandes como para ser la causa de la extinción, pero pueden haber contribuido a ella".

[85] Dependiendo de la envergadura del impacto, las inundaciones por tsunamis serían de mayor o menor calado. En el caso de un impacto múltiple, se podría, en efecto, inundar todo el planeta durante varios días.

[86] La devastación inicial se dividiría en cuatro fases:

1. La explosión provocada por el impacto lanzaría miles de kilómetros cúbicos de restos, de los cuales una ingente cantidad se pondría en órbita a cincuenta veces la velocidad del sonido.

2. Durante varios meses el cielo estaría sofocado y a la luz le costaría mucho llegar a la superficie del planeta. Al mismo tiempo, los materiales expulsados tras la explosión se precipitarían a través de la atmósfera y las temperaturas se mantendrían bajo mínimos (en concreto, muy por debajo del punto de congelación).

Ha llegado el momento de considerar la posibilidad de que pueda existir algo de verdad en las antiguas historias populares sobre el diluvio.

TEMPLARIOS, MASONES Y EL LIBRO DE HENOC

Estas leyendas se han conservado durante larguísimos periodos de tiempo, a través de la tradición oral de los pueblos antiguos, llegando hasta nosotros a través de sus mitos y leyendas.

Desde que en pleno siglo XVIII el fundador de los estudios etiópicos, el británico James Bruce (1730-1794), descubriera los primeros ejemplares del Libro de Henoc, se ha ido perfilando una inquietante relación entre los francmasones ingleses, la historia del diluvio universal y el Libro del profeta. Sorprendentemente las implicaciones de este manuscrito han superado, como veremos a continuación, las fronteras del mito para instalarse en los dominios de la historia[87].

Como muy bien señala Robert Lomas y Cristopher Knight, en su libro *The Hiram Key*, la historia de un aniquilamiento masivo próximo a la extinción forma parte de la

---

3. Los citados tsunamis, con alturas que superan los noventa metros de altura, asolan a su paso los ecosistemas costeros a centenares y, en ocasiones, hasta miles de kilómetros del punto de colisión.

4. Temblores de tierra, de una magnitud hasta un millón de veces superior a lo registrado por nuestros sismógrafos, propagan sus efectos devastadores por todo el globo.

El resultado de esta convulsión planetaria es desolador y las consecuencias tardarán mucho tiempo en mitigarse.

[87] Muchos francmasones ingleses pensaban que la vinculación con Henoc no tenía ninguna trascendencia. Pues bien, estaban equivocados. La historia de Henoc y el Diluvio Universal tienen una gran importancia simbólica en los rituales masónicos y en ellos se esconden las claves de los civilizadores.

antigua liturgia de la organización masónica; no obstante, ese rito ha sido objeto de una transformación paulatina a lo largo de estos últimos trescientos años, por parte de los propios francmasones ingleses. Afortunadamente, estas alteraciones no han llegado a dañar el núcleo de estos rituales. Al parecer "antes de que fueran censurados de un modo deliberado por los propios francmasones en los siglos XVIII y XIX, los rituales superiores de la francmasonería mencionaban claramente que preservaban el arcano conocimiento del alto sacerdocio judío, que ya era antiguo en tiempos del Rey David y el Rey Salomón" (Lomas, Robert & K. Cristopher, 36) [88]. Esos ritos masónicos de tradición oral —como casi todas las tradiciones de la antigüedad— recogen referencias del diluvio universal y la existencia en el pasado de una entidad destinada a preservar las tradiciones verbales sobre Noé.

También se evoca la existencia de una civilización, anterior a los acontecimientos catastróficos, poseedora de los conocimientos que conforman los pilares de una cultura tecnológica y científicamente avanzada[89]. De las personalidades que se dan cita en sus listas destaca, por su relación con el tema que estamos tratando, la figura del anteriormente citado Henoc. En la tradición masónica se narra su vida y su contacto con Uriel, un ser "angelical" que le dio las pautas a seguir con objeto de salvar los secretos de la civilización de un cataclismo global. Así visto, el Libro de Henoc, podría considerarse como lo más parecido a un libro de instrucciones destinado a preservar el conocimiento más sublime de nuestra especie.

---

[88] LOMAS, Robert & CRISTOPHER, K. *Soñadores del Diluvio*. Madrid: Oberón, 2000.

[89] Uno de los miembros más destacados de esa civilización era Tubal-Caín, inventor según los francmasones de la agricultura y la reja de arado.

Páginas atrás vimos que algunas partes del libro son susceptibles de controvertidas interpretaciones astroarqueológicas. En el libro se habla de un extraño grupo de seres (los Vigilantes y los Ángeles) que interaccionan con Henoc y los nativos de su entorno cultural. También encontramos referencias de otro tipo de gentes; los Gigantes, descendientes directos de los Vigilantes poseedores de una doble naturaleza (humana y divina). Curiosamente, a esos Gigantes los vemos referenciados en las mitologías de todo el planeta incluida, claro está, la *Biblia*. Recordemos la famosa historia del enfrentamiento entre David y el gigante Goliat. Sin embargo, han sido los *Manuscritos del Mar Muerto* los que nos han ofrecido la narración más amplia que se tiene hasta ahora de estos míticos individuos. En una parte del *Libro de Henoc*, conocida con el nombre de *Libro de los Gigantes*, encontramos tres referencias notablemente significativas para con el tema desarrollado en el presente ensayo. Por un lado, se nos dice que los Gigantes poseían un secreto conocimiento y que vigilaban muy de cerca a los hombres y mujeres normales. Se nos dice también que experimentaron cruces genéticos antinaturales. Finalmente, la inquietud se apodera de los corazones de los Gigantes al conocer que iba a haber un diluvio universal y que ni tan siquiera ellos lo evitarían[90].

Muchos astroarqueólgos están convencidos que estos seres son de origen alienígena. Personalmente, conforme avanzan mis investigaciones en este campo, estoy convencido de que los seres descritos en el *Libro de Henoc* lejos de ser extraterrestres son en realidad seres humanos, sucesores de una cultura que había heredado los conocimientos de una

---

[90] Curiosamente se nos dice que quien narra estos acontecimientos es un tal Gilgamesh.

civilización avanzada, víctima de los caprichos destructivos de la madre naturaleza. Probablemente, los contemporáneos de Henoc supieron desde un principio que los Vigilantes eran tan humanos como ellos, pero sus inusuales conocimientos y poderes los hacían equivalentes a dioses. El tiempo y la tradición acabaría encuadrándolos en el ámbito de lo divino[91].

Los manuscritos masónicos que hacen referencia a Henoc son los textos de Iñigo Jones y Wood. Ambos conceden una gran importancia a los pueblos de antes del diluvio y describen el alto dominio que éstos tenían del *trivium* y el *quadrivium*[92]. En estos escritos se insinúa la existencia en tiempos antediluvianos de una civilización avanzada. Esta idea se deja entrever en los textos cuando se afirma que los egipcios encontraron unos pilares secretos después del diluvio que contenían las claves científicas de aquella civilización olvidada. Esos conocimientos antiguos sirvieron de base a la pujante civilización egipcia que siglos después asombraría al mundo con sus fabulosos monumentos. ¡Los manuscritos masónicos parecen constatar la realidad histórica de los *Shemsu-Hor*!

Ciertos rituales francmasones, hoy en desuso, varían la historia de los pilares. Así, en algunos de estos documentos se nos dice que el artífice de estos pilares fue Henoc; en otras versiones, los pilares fueron descubiertos hace más de tres mil años atrás, cuando unos albañiles, que trabajaban en el Templo de Salomón, los desenterraron. Robert Lomas y Cristopher

---

[91] De todos los temas tratados en el manuscrito son de nuestro interés, sobre todo, los datos astronómicos que un "ángel" enseñó a Henoc y la descripción de un grupo de entidades a los que él llama Vigilantes, cuya concupiscencia les llevó a copular con mujeres locales que a su vez engendraron a unos Gigantes.

[92] Las siete ciencias para comprender el cosmos son: la gramática, la retórica, la lógica, la aritmética, la geometría, la música y la astronomía.

Knight afirman que "los antiguos rituales del Rito Escocés Antiguo dicen que los grandes sacerdotes de Jerusalén, que sobrevivieron a la destrucción de la ciudad en el año 70 a.C., fueron el origen de las familias europeas que mil años después formaron la orden de los Templarios". Tal vez, ese conocimiento tan detallado provenga de esas familias o de los rollos del *Qumrán* que los templarios desenterraron cuando excavaron debajo del monte del templo en Jerusalén entre 1118 y 1128 (Lomas & Cristopher, 43). Paradójicamente, los Templarios siempre estuvieron muy implicados con Etiopía, fundamentalmente a lo largo del siglo XIII. Cabe la posibilidad de que éstos encontraran el libro e incluso que lo llegaran a utilizar en sus ceremonias. En ese caso, los ritos francmasónicos tendrían su génesis en los caballeros templarios que sirvieron en algún momento de intermediarios con el judaísmo prerrabínico. De ser ese el caso, estaríamos en condiciones de afirmar que la francmasonería es un culto henoquiano.

La legitimidad del *Libro de Henoc* viene respalda por una serie de pruebas arqueológicas. El descubrimiento de otras nueve copias del texto en los *Manuscritos del Mar Muerto*[93] garantiza su autenticidad, puesto que la información astronómica contenida en él ya era conocida mucho antes por los francmasones ingleses. Además, la historia masónica de Henoc ya existía mucho antes de que el misterioso libro fuera descubierto por James Bruce[94].

El contenido del *Libro de Henoc* se estructura así:

---

[93] La información astronómica contenida en el libro data como mínimo del 200 a.C.

[94] Nadie fuera de Etiopía supo de la existencia real del Libro de Henoc durante más de mil años, a pesar de lo cual los francmasones ya conocían muchas de las historias descritas en el manuscrito.

- Los primeros cinco capítulos del manuscrito se hacen eco de una especie de juicio final, en donde Dios desciende al mundo rodeado de ángeles protectores.

- Los siguientes once capítulos se hacen eco de la "caída de los ángeles apóstatas"[95] que copularon con las hijas de los hombres en contra de lo acordado con Dios. En esta parte del Libro se nos hace una clara referencia a la labor instructiva de unos Vigilantes especializados.

- Del capítulo 17 al 36, se narran los viajes de Henoc por otros mundos y esferas de la bóveda celeste.

- Del capítulo 37 al 71, Henoc recoge una serie de parábolas para su enseñanza a las generaciones futuras.

- Los capítulos 72 a 82 recogen informaciones de carácter astronómico, relativas a las órbitas de los cuerpos celestes, etc.

- Los últimos capítulos están dedicados a las conversaciones que Henoc tiene con su hijo Matusalén, en las que se habla de la llegada del Diluvio Universal. La parte final está dedicada a la forma en que Henoc es arrebatado de los cielos en un carro de fuego.

Como tendremos oportunidad de comprobar a continuación, el *Libro de Henoc* posee valiosas informaciones en sus páginas y en modo alguno parece un texto alegórico; por eso sorprende el extraño episodio de la ascensión de Henoc a los cielos en un carro de fuego[96]. En el Libro eslavo de

---

[95] Probablemente se esté haciendo una referencia explícita a los Vigilantes.

[96] Aunque ha quedado clara mi opinión respecto a la naturaleza de los dioses civilizadores de las tradiciones antiguas, tal vez estén en lo cierto los astroarqueólogos que ven en esta peculiar ascensión a los cielos la presencia figurada de una tecnología aeronáutica real. Cuesta creer que este episodio sea una simple utilización figurada del lenguaje; quizá habría que dejar una puerta abierta a este tipo de lecturas más arriesgadas.

Henoc este nos describe cómo entró en contacto con los Vigilantes[97]:

VIGÍAS DEL CIELO

"Al cumplir 365 me hallé, cierto día del segundo mes, solo en mi casa...Y se me aparecieron dos hombres de gran envergadura (se refiere a su notable estatura, razón por la que eran también identificados con sus descendientes los Gigantes). Sus rostros brillaban como el Sol, y sus ojos eran como antorchas llameantes; de sus bocas salían llamas; sus ropas y voces eran magníficas, y sus brazos como alas doradas. Se acercaron a la cabecera de mi cama y me invocaron por mi nombre. Despertaba yo de mi sueño y me puse en pie ante mi lecho; luego me incliné ante ellos, con el rostro lívido de terror. Entonces, los dos hombres (nótese que nunca les llama ángeles) me hablaron, y éstas fueron sus palabras: ¡Tranquilízate, Henoc, no temas! Porque el Señor nos envía a verte, y hoy mismo estarás con nosotros en los cielos. Llama a tus hijos y a tus sirvientes, e instrúyeles en las tareas de la casa. Nadie deberá salir en tu busca, hasta que el Señor te reúna de nuevo con los tuyos..."[98].

El *Libro de Henoc* nos relata que antes del Diluvio existió una avanzada civilización que pecó desde el momento en que mujeres normales quedaron embarazadas por doscientos gigantes:

"Aquéllos y todos los demás que iban con ellos tomaron mujeres; cada uno eligió la suya, y comenzaron...a pecar con

---

[97] La versión eslava contiene referencias que no se encuentran en la versión abisinia.

[98] Traducción Thübingen 1900.

ellas...Y ellas quedaron encinta, y dieron a luz a unos gigantes de trescientos codos de estatura. Tras conocer a las hijas de los hombres, cohabitaron con ellas...Ellas parieron gigantes, y la tierra se llenó de sangre y de la justicia del Señor".

El texto se hace eco también de los Vigilantes instructores que enseñaron los secretos ocultos de la naturaleza a las gentes normales:

"Azazel enseñó a los hombres la fabricación de la espada, el cuchillo, los escudos, los petos, y les hizo conocer los metales de la tierra y el arte de trabajarlos, y brazaletes y ornamentos y el uso del antimonio y del embellecimiento de los párpados y todo tipo de piedras costosas, todos los tintes conocidos (...) Semyasa enseñó los conjuros y la recolección de tubérculos, Armaros las fórmulas para combatir los conjuros, Baraquel la observación de las estrellas, Kokabeel la astrología y las constelaciones, Ezeqeel los movimientos de las nubes, Arakiel las señales de la Tierra, Shamsiel las señales del Sol y Sariel el curso de la Luna..."

Henoc fue llevado a un lugar donde fue instruido por los Vigilantes. Del análisis del Libro de las luminarias celestes[99] se deduce que las enseñanzas astronómicas recibidas precisaron del apoyo de observatorios megalíticos. Veámoslo con un ejemplo comentado:

"Esta es la primera ley de las luminarias: la luminaria del Sol tiene su amanecer en los portales del Este del cielo, y su atardecer en los portales del oeste del cielo. Y vi seis portales en los que el Sol se alza y seis portales en los que el Sol se pone y la Luna se alza y se pone en esos portales y los líderes de las estrellas y aquéllas a las que lideran: seis en el este y seis

---

[99] Escrito junto al *Libro de Henoc* en torno al 2000 a.C., en la comunidad de Qumrán. Hasta ese instante sobrevivió en la tradición oral desde el 3150 a.C. Una fecha clave como veremos.

en el oeste, y todos siguiéndose unos a otros en el exacto orden correspondiente; también muchas ventanas a izquierda y derecha de esos portales…"

Está claro que los portales son la típica construcción megalítica de una losa horizontal descansando sobre otras dos verticales, mientras que las ventanas son los espacios existentes, por ejemplo, entre un menhir y otro. Henoc está explicándonos la forma de hacer cálculos astronómicos con megalitos. Por lo tanto, los Vigilantes procedían de la cultura, probablemente, artífice de esta manifestación arqueológica.

Henoc conocerá el mensaje del cataclismo que se avecina:

"…el gran juicio en el que la Era será consumada sobre los Vigilantes y los sin Dios, ciertamente, todo será consumado".

Se nos relata el momento en que Henoc es llevado a un lugar por los misteriosos Vigilantes:

"Y me llevaron a un lugar de oscuridad y a una montaña cuya cima alcanzaba los cielos. Y vi lugares de las luminarias y tesoros de las estrellas y del trueno (…) vinieron desde el cielo seres que eran como hombres blancos y cuatro de ellos vinieron de ese lugar y tres con ellos. Esos tres (…) me agarraron por mi mano y me llevaron arriba (…) y me subieron alto a un lugar elevado y me enseñaron una torre erguida alto sobre la Tierra y todas las colinas eran más bajas. (Al parecer acompañaron a Henoc a un lugar elevado). Y uno me dijo: Permanece aquí hasta que veas todo lo que va a acontecer". Posteriormente, se nos describe un impacto cometario y sus funestas consecuencias: "Vi en una visión cómo el cielo se colapsaba y cómo dejaba de sostenerse y caía sobre la Tierra. Y cuando cayó sobre la Tierra y cómo la Tierra era tragada por un gran abismo y las montañas quedaron sumergidas…"

El *Libro de Henoc* recoge, sin embargo, la visión de un impacto múltiple causante de un diluvio anterior. Se trata de la descripción inequívoca de la llegada a la superficie terrestre de los siete fragmentos de un cometa:

"Vi las siete estrellas como grandes montañas ardientes y, para mí, cuando pregunté mirándolas, el ángel dijo: Este momento es el final del cielo y la Tierra; se ha convertido en una prisión para las estrellas y los huéspedes del cielo y las estrellas que pasan por el fuego son aquéllas que han transgredido los mandamientos del Señor al comienzo de su caída, porque no fueron en el momento requerido (…) Y entonces vi siete estrellas del cielo lanzadas juntas, como grandes montañas y ardiendo (…)"

También se nos informa del número de gigantes que perecieron en este primer diluvio del que se hace eco el *Libro de Henoc*:

"Y sobrevino el diluvio del Señor sobre la Tierra y exterminó toda vida lo mismo a los 4.090.000 gigantes, y el nivel de las aguas subió 15 codos, más alto que la más empinada de las montañas".

Las crónicas de Henoc aclaran varias cosas; por un lado justifican la denominación que reciben en el texto los Vigilantes; al fin y al cabo aquéllos eran precisamente eso, Vigilantes del Cielo. Astrónomos que conocían la manera de prever catástrofes cósmicas; razón por la que construían observatorios megalíticos y enseñaban a otros a construirlos y utilizarlos; uno de esos discípulos privilegiados fue Henoc. También hemos comprendido el interés que tenían al instruir a los hombres especializadamente. Si un cataclismo iba a borrar de un plumazo las culturas avanzadas del planeta, lo suyo era preservar las diferentes parcelas constitutivas de su sabiduría científica y cultural en las mentes de unos cuantos elegidos.

Vistas así las cosas, el "surgimiento espontáneo" de la civilización en Oriente Próximo tiene su explicación más inmediata en un grupo selecto de individuos instruidos en la "ciencia de los dioses". Gracias a ellos y a sus descendientes, la civilización, personificada en este caso en los sumerios, resurgiría con relativa prontitud. El espíritu de los Gigantes volvería a renacer[100]. Ahora solo nos resta confirmar científicamente los impactos descritos por Henoc.

PRUEBAS DE CATACLISMOS

A finales de los años noventa, una entusiasta pareja de científicos afirmaron haber encontrado pruebas de un devastador bombardeo de asteroides sobre nuestro planeta en tiempos del Holoceno. Pero lo que más llamó la atención a sus compañeros del Instituto Geológico de la Universidad de Viena fue la relación que los Tollmann (así se apellida el matrimonio de geólogos) establecieron con la leyenda henoquiana relativa a las siete estrellas que se precipitaron sobre la Tierra como grandes montañas ardientes.

Los primeros trazados de impacto se encontraron en 1970, en el interior de madera fosilizada en Australia. A

---

[100] Recientemente, un equipo arqueológico descubrió los restos de una momia de 1,95 metros de altitud en plena China central. Los restos de este humano "gigante" han sido analizados por los especialistas y sorprendentemente se ha descubierto que sus rasgos son plenamente occidentales, europeos. Sus vestimentas, coinciden además, con las elaboradas en la Escocia megalítica.

partir de entonces, los Tollmann no dejaron de encontrar evidencias del impacto múltiple en capas sedimentarias de los océanos del planeta. Los indicios encontrados por la pareja de geólogos no dejan lugar a dudas. Se han encontrado restos de cristales de cuarzo fracturados, granos de hierro-níquel-silicio metamorfoseados, rocas deformadas[101], microesférulas, iridio en altas concentraciones, moléculas de carbono de origen extraterrestre[102] y cantidades significativas de vegetación transformada en ceniza y hollín. Los registros dendrocronológicos[103] denotan irregularidades radiocarbónicas[104] hace unos diez mil años atrás. Pero los geólogos han encontrado más pruebas de impactos. Como ya indiqué antes, después de la explosión generada por el choque meteórico, se produce una tremenda subida en los niveles de dióxido de carbono (el conocido efecto invernadero), que es absorbido en gran medida por el mar. Pues bien, el estudio de los restos de polen encontrado en diversas capas sedimentarias ha demostrado que al menos en dos ocasiones recientes desde el

---

[101] Las ondas de choque son captadas en las rocas en forma de conos de fractura.

[102] Este tipo de trazador recibe el nombre de Fullereno extraterrestre. Son moléculas dispuestas en forma de jaula que aprisionan gases en su interior. Son auténticos viajeros espaciales puesto que viajan en el interior de los meteoritos que luego caen a la Tierra.

[103] La dendrocronología es una disciplina relativamente joven cuyo objeto es la datación por anillos de árboles. La datación dendrocronlógica se ha utilizado para calibrar las determinaciones de radiocarbono.

[104] Cuando un meteorito impacta contra la superficie terrestre se pierde una significativa cantidad de capa de ozono, lo que permite la entrada de una mayor cantidad de radiación ultravioleta, esto repercute directamente en el incremento productivo de carbono 14. Como se sabe este elemento es utilizado por los arqueólogos y geólogos para datar muestras antiguas, por lo que se hace imprescindible conocer estos incrementos en las curvas de calibración si queremos saber la datación correcta de las muestras analizadas.

punto de vista geológico —el 7640 a.C. y el 3150 a.C.— nuestro planeta vivió una etapa de clima cálido en el que la temperatura del mar superaba los cuatro grados centígrados, con respecto a la temperatura previa a la colisión cósmica[105]. También se han encontrado restos de conchas modernas en la cima de cadenas montañosas, al norte de Gales, en altitudes que superan los cuatrocientos metros; lo que demuestra que en un momento reciente de nuestra historia geológica, esta zona estuvo temporalmente cubierta por las aguas que retiró el impacto cósmico. Las prospecciones llevadas a cabo por otros equipos geológicos en los núcleos de hielo tomadas por todo el planeta son contundentes: los registros de ácido nítrico marcan dos máximos en el 7640 a.C. y el 3150 a.C. Dos momentos críticos en la historia de la Tierra de los que se hizo eco Henoc en sus crónicas. La confirmación de que los diluvios universales son posibles.

En 7640 a.C. el planeta estaba sumido en una Era Glacial. Por lo tanto, de haber existido una civilización avanzada tuvo que estar ubicada en algún punto de las regiones ecuatoriales. Amplio espacio geográfico en el que se concentraban los mayores núcleos demográficos humanos[106]. En este contexto un trozo de hielo llega a las inmediaciones de nuestro sistema solar y en su viaje —como en el caso del cometa Shoemaker Levy— se quiebra en siete pedazos que acabarán precipitándose en varias zonas del planeta. El brutal bombardeo hizo temblar, literalmente, la Tierra e incluso

---

[105] Los hielos se derritieron, el nivel del mar subió y la tierra adquirió un nuevo aspecto.

[106] En ese momento de la historia geológica de la Tierra, el norte de África, el Sáhara argelino (recordemos los murales rupestres de Tassili) o Egipto presentaban un aspecto muy diferente al actual. Lejos de ser países desérticos eran territorios fértiles, con una gran riqueza de flora y fauna.

provocó el cambio de polaridad del mismo. Todavía se desconocen los mecanismos de este fenómeno, pero se sabe que la entrada de un cuerpo meteórico en nuestra atmósfera y su posterior colisión imprime este tipo de huella geológica.

Por desgracia las consecuencias genéticas pueden ser devastadoras, aunque también han podido contribuir positivamente en los cambios evolutivos de los seres vivos.

Cuando el campo magnético varía, y hasta la fecha los geólogos han registrado cuatro inversiones de polaridad, este tiende a disminuir paulatinamente hasta desaparecer temporalmente. Con actividad cero, la Tierra está a merced de las partículas de alta energía procedentes del Sol, lo que genera mutaciones en el ADN de los entes biológicos. No olvidemos que el campo magnético terrestre actúa como escudo protector de la vida al repeler esas energías nocivas, sin embargo, y por razones que los evolucionistas no logran comprender, este hecho colaboró en la vertiginosa y correcta mutación de algunas especies animales.

Es evidente que el cometa del Diluvio de Henoc impactó con la Tierra el 3150 a.C. De menor tamaño, la colisión debió de producirse en el ámbito geográfico del Mediterráneo. Resulta curioso que los mayas, a miles de kilómetros de distancia del ámbito de influencia de Henoc, determinaran el inicio de su calendario el 3113 a.C. ¿Existió alguna razón especial para ello? Esta decisión de los mayas ¿esconde alguna relación con el impacto de Henoc? Aunque existe una diferencia de treinta y siete años entre las dos fechas tal vez se produjo alguna efeméride cósmica anterior al impacto cometario. Desde hace unos años, se sabe que los mayas eligieron esta fecha porque al parecer Venus brilló más de la cuenta en el firmamento (acontecimiento que bautizaron como "el nacimiento de Venus").

Como indicábamos antes, todavía se desconocen los mecanismos que inducen el cambio de polaridad de nuestro planeta; sin embargo, se sabe que en ese contexto comenzó a generarse la inversión magnética (Cotterell, 32)[107]. El investigador Maurice M. Cotterell sugiere una explicación del fenómeno realmente interesante. Según él, aparte de los impactos meteóricos, existen otras fuerzas cósmicas capaces de variar nuestro campo magnético: "los mayas sabían que el campo magnético del Sol se invierte cíclicamente; y en el 3113 a.C. el campo magnético de nuestra estrella hizo lo propio" (Cotterell, 33). A consecuencia de este cambio de polaridad del Sol, los planetas cercanos sufrieron las consecuencias y entre ellos Venus, que influido por el Sol se tambaleó hasta un punto de inclinación que orientó el polo del planeta hacia la Tierra. El reflejo del Sol sobre el polo venusiano hizo que el planeta brillará más de lo normal, marcando el inicio de una nueva era para los mayas: El nacimiento de Venus.

Aunque las fuerzas solares fueron capaces de desplazar a Venus no se puede asegurar que hicieran lo propio con la Tierra. De todos modos, pudieron influir de un modo menos dramático que se vio agravado por la colisión descrita por Henoc, treinta y siete años más tarde.

La revelación de los dioses en todas las culturas antiguas siempre ha sido la misma: la venida de un Juicio Final, de un Apocalipsis para el que tenemos que estar preparados. Verdaderamente ello es cierto pero, como hemos podido comprobar al seguir la pista de los eslabones de la cadena, no desde una óptica religiosa.

---

[107] Cotterell M., Maurice. *The Supergods*. MR, 1997.

Los datos aportados nos han proporcionado la certeza de una tradición cósmica dirigida a salvaguardar los pilares del conocimiento técnico y científico de la civilización de la que procedemos. El génesis de esa entidad o entidades culturales no está, como se pensaba, en los sumerios o los egipcios, sino más atrás en el tiempo. Justo antes de que un cometa desperdigara las piezas del puzzle un otoño del año 7640 a.C.

En 560 a.C., un filósofo griego llamado Solón visitó Sais. Allí un anciano y sabio sacerdote le reveló uno de los secretos mejor guardados por la tradición del país de las Pirámides:

"Oh Solón, todos vosotros (los griegos) tenéis una mente joven que no conserva las viejas creencias basadas en una larga tradición, ni conocimientos blanqueados por las nieves del tiempo. La razón es ésta. Se han producido y se producirán en el futuro muchas y diversas destrucciones del género humano, las mayores por el fuego y el agua, si bien las menores se deben a otras innumerables causas. Así, la historia, corriente también, en vuestra parte del mundo, de que Faetón, hijo del Sol, enjaezó el carro de su padre, pero no pudo guiarlo en el curso que su padre seguía, quemándolo todo en la superficie de la tierra y siendo él mismo consumido por el rayo. Esta leyenda tiene la apariencia de una fábula; pero la verdad que subyace en ella es una desviación de los cuerpos que giran en el cielo en torno a la tierra y una destrucción, que acontece tras largos intervalos, de las cosas sobre la tierra por una gran conflagración… Cualquier logro grande o noble o suceso en algún sentido excepcional que ha llegado a acontecer, bien en vuestras regiones o aquí o en algún lugar del cual tenemos noticias, ha sido anotado en épocas pasadas en registros que se conservan en nuestros templos; mientras que en vuestro caso, y en el de otros pueblos la vida (acababa de ser) enriquecida con las letras y todas las demás necesidades de la civilización cuando, una vez más, después del usual periodo de años, los torrentes del cielo se abalanzaron como una pestilencia, dejando solo entre vosotros lo grosero y lo iletrado. Y así comenzasteis de nuevo igual que niños, sin saber nada de lo que existía en los tiempos antiguos aquí o en vuestro propio país…Para empezar, tu gente solo recordaba un diluvio, pese a que hubo antes otros muchos; y además no sabéis que la raza más noble y arrojada del mundo vivió una vez en tu país. Tú y todos tus compatriotas procedéis de un pequeño remanente de su semilla; pero nada sabes de ello porque durante muchas generaciones los supervivientes murieron sin dejar ninguna palabra por escrito"[108].

Nadie pone en duda la seriedad del que pasa por ser uno de los mayores filósofos de todos los tiempos. Parece, por tanto, que existen buenas razones para dar por sentado que el anciano sacerdote egipcio fue un informante fidedigno; y que la historia que narró al letrado Solón fue tan real como lo que describe en ella. Este extracto, originario de los *Diálogos de Platón*, *Timeo* y *Critias* —en donde por cierto, aparece la historia de la mítica Atlántida— recoge la evocación del recuerdo de unos acontecimientos que Henoc ya recoge en sus crónicas. ¿Quién hizo brotar la semilla de la civilización en Grecia? ¿Fueron los Vigilantes o sus descendientes los Gigantes?

En nuestro viaje por el tiempo y el espacio hemos dado a conocer las huellas de aquella civilización antediluviana, que hace diez mil años, pereció bajo la convulsión apocalíptica provocada por los pedazos de un cometa. Estos testimonios son materiales (objetos insólitos, yacimientos megalíticos…);

---

[108] Traducción de F. Lisi. Platón, *Timaeus & Critias*. Editorial Gredos 1992.

mitológico-documentales (*Libro de Henoc*, Leyendas de tradición oral…); y lingüísticos. Sobre este último particular, los filólogos han demostrado que todas las lenguas del planeta proceden de un lenguaje raíz al que llaman *nostraico*[109]. Pues bien, la lengua matriz tiene más de diez mil años de antigüedad[110] situándose por lo tanto en el contexto temporal en el que aquella misteriosa civilización antediluviana nació, se desarrolló y desapareció. Se considera que la característica principal que define a todo grupo social civilizado es la escritura. Del periodo glacial europeo tenemos testimonios de un arte rupestre abstracto en el que algunos investigadores creemos ver vestigios de una especie de protoescritura[111]. No sabemos si los habitantes de esta parte del mundo realmente inventaron la escritura miles de años antes que los sumerios. Lo que si parece bastante probable es que utilizaron estos signos con esa intención. Se hace necesaria, de una vez por todas, una investigación de campo exhaustiva en aquellos territorios, como el gallego, en los que existen miles de yacimientos con sus mensajes rupestres acariciados por el viento. Los arqueólogos deberían ponerse de acuerdo en la elaboración de un corpus lo suficientemente amplio de simbología paleolítica, como para constatar y concluir definitivamente si se trata o no de una auténtica escritura. Independientemente de esto, lo que sí resulta evidente es que los petroglifos repre-

---

[109] Robert Lomas dice al respecto: "Hace más de 200 años, sir William Jones descubrió que el sánscrito está relacionado con el griego y el latín, lo que llevó a la identificación de un grupo de lenguas conocido hoy como indoeuropeo". En este grupo encontramos todos los idiomas hablados hoy en día en Europa y América.

[110] En realidad se estima que tiene una antigüedad de 15.000 años.

[111] Sin embargo, a lo mejor estas supuestas "letras" prehistóricas son reminiscencias de un antiguo código escrito ya olvidado. Los petroglifos poseen una rica variedad de motivos de esta especie.

sentan un medio de comunicación simbólico, profusamente utilizado por los pobladores prehistóricos desde el paleolítico hasta el neolítico. En cuanto a fenómeno global, los petroglifos gallegos, por ejemplo, guardan una estrecha relación con el arte rupestre de la región franco-cantábrica. Estos signos son análogos o, en su defecto, notablemente similares a los lenguajes escritos de la antigüedad que se extienden desde el Mediterráneo hasta el continente chino. Estas coincidencias no se deben en modo alguno a la casualidad, aunque en honor a la verdad, solo un reducido número de signos básicos (háblese de círculos, cruces o círculos concéntricos) podría tener su explicación en la psicología[112]. Probablemente, los sistemas de escritura que surgieron en Mesopotamia hace unos cinco mil años, deban su desarrollo a una serie de innovaciones que se remontan hasta el neolítico y, aún más atrás, hasta una época tan antigua como el paleolítico superior (Rudgley, 125)[113]. Ahora bien, ¿y si este código prehistórico tuviera su génesis en los tiempos del *nostraico*?

Para acabar solo una reflexión. El carácter destructivo de los asteroides ha puesto en evidencia nuestra debilidad ante los impactos cósmicos. Tal vez sea la primera vez en la historia en la que nuestra especie está capacitada para hacer frente a esta amenaza. Poseemos la tecnología necesaria para garan-

---

[112] Durante un tiempo se pensó que la correspondencia existente entre los petroglifos gallegos y los del resto del planeta tenía su explicación en las prácticas mágicas de los chamanes. A raíz de las observaciones hechas por prehistoriadores rusos y españoles en el Amazonas, bajo la influencia de determinadas drogas, el cerebro es capaz de elaborar una compleja red de dibujos geométricos como los grabados en los peñascos galaicos. Pero la explicación no resulta satisfactoria cuando nos enfrentamos a diseños de mayor complejidad.

[113] RUDGLEY, Richard. *Los Pasos Lejanos*. Grijalbo 2000.

tizar nuestra seguridad frente a manifestaciones naturales tan devastadoras[114].

Creo que los gobiernos más ricos de nuestra arrogante civilización, deberían comenzar a tomarse más en serio este desafío, rescatando la figura de los Vigilantes del Cielo e invirtiendo los mejores medios humanos y técnicos en un programa científico de defensa a escala mundial encaminado a evitar un nuevo cataclismo cósmico que nos sumiría en la ignorancia y la barbarie.

Que nadie se equivoque, esta reflexión no es la propia de un catastrofista de moda, sino que surge de una apreciación realista del Cosmos en el que sobrevivimos. No podemos seguir permitiendo una carencia defensiva de este tipo. La sociedad tiene que empezar a presionar a sus respectivos gobiernos si no queremos que nuestra civilización sea la próxima Atlántida; y eso en el mejor de los casos. No olvidemos lo que les pasó a los dinosaurios. Ya lo sabían los antiguos, en el conocimiento del Cosmos está la llave de nuestra salvación[115].

---

[114] Salvo, claro está, aquéllas propias del ámbito terrestre como los supervolcanes. No obstante, con esta actitud defensiva aseguramos nuestra evolución científica ininterrumpida como poco durante unos cuantos miles de años que pueden ser decisivos para encontrar alguna solución pragmática a este otro problema.

[115] Como especie, claro.

Epílogo

Un pasado sorprendente

El científico ruso Velikovsky acuñó la expresión "amnesia colectiva" para explicar las misteriosas pérdidas de crónicas históricas por parte de razas enteras a lo largo de los siglos[116]. Después de un devastador cataclismo pocos eran los individuos letrados que sobrevivían y consecuentemente resultaba improbable que las informaciones relativas a su extinta civilización se transmitieran a las posteriores generaciones con el vigor adecuado, razón por la que, en el mejor de los casos, eran asimiladas y transformadas al lenguaje de los mitos y el imaginario popular. Una de esas tradiciones fue el *Popol Vuh*, el libro sagrado de los mayas. Con una antigüedad de unos cuatro mil años, el manuscrito nos narra la forma en que los dioses crearon al ser humano hace millones de años, mucho más lejos en el pasado que lo que nos dice la ciencia o incluso la *Biblia*.

---

[116] COTTERELL, Maurice. *La revelación de los dioses mayas*. Madrid: Martínez Roca, 1997.

Llegó un momento en que aquellas entidades, capaces de amar, reproducirse y morir como nosotros, se revelaron –a su vez– contra sus creadores, lo que desató la irrefrenable ira de éstos. Coléricos, oscurecieron el cielo y provocaron una caótica lluvia cósmica que asoló todo rastro de vida. El *Popol Vuh* prosigue diciéndonos que los dioses decidieron dar otra oportunidad al hombre creándolo de nuevo. De esta manera, la faz del planeta volvió a ser poblada por una segunda humanidad. Para los mayas, esta segunda humanidad somos nosotros.

Tengo que reconocer que al principio la idea de visitantes celestes o la simple mención de la Atlántida provocaban en mí una cierta animadversión. Afortunadamente, pronto me percaté del error que suponía pensar de este modo. Naturalmente, este libro no es científico, ni ha pretendido serlo, pero sí ha dado a conocer argumentaciones y testimonios que no son tomadas en consideración por parte de la ciencia ortodoxa. Entiendo que la aceptación de estos elementos exóticos resultaría incómoda para los científicos. Ahora bien, este comportamiento contribuye a dar una visión sesgada del pasado; lo que paradójicamente no parece preocupar a nadie. El hecho de haber encontrado objetos tecnológicamente avanzados en contextos en los que se supone que el hombre estaba todavía inmerso en la oscuridad de la ignorancia científica, unido al hecho de que ciertas civilizaciones antiguas dominaban las matemáticas y la astronomía nos puede llevar a un terreno resbaladizo, ofreciendo una imagen del pasado deformada, viendo extraterrestres donde en realidad hay seres humanos ataviados con máscaras rituales en ciertos yacimientos rupestres o dioses procedentes de otros sistemas planetarios visitando a emperadores de la antigua China en magníficas naves espaciales, historias todas fruto de la imaginación humana. Aunque soy de los que piensan que nunca hay que cerrar del todo la puerta a esta exótica posibilidad (recordemos a los Dogon) hay que reconocer que la mayor parte de los indicios documentales y mitológicos que parecen describir la presencia alienígena en el pasado podrían ser, en realidad, la descripción de seres humanos procedentes de una avanzada civilización que agobiada ante la inminencia de un nuevo cataclismo —como el descrito por Henoc— emprendieron la difícil empresa de "predicar" a otros pueblos menos desarrollados los aspectos generales de su "magia"

Como muy bien señala Andrew Tomas, debemos mucho más a nuestros predecesores de lo que nos damos cuenta, pero tenemos una deuda aún mayor con aquellos misteriosos portadores de la antorcha de la civilización, quienes impartieron su conocimiento a las numerosas culturas que se citan en este libro, y que como piezas de un puzzle han sido deliberadamente ignoradas, condenadas al silencio.

Ha llegado el momento de rehacer el puzzle de nuestro pasado con las piezas injustamente discriminadas. El resultado global de esta reconstrucción histórica mucho más honesta nos ofrece un panorama lleno de expectativas. Un escenario en el que civilizaciones anteriores a la nuestra sucumbieron ante los embates de la madre naturaleza. Esas arremetidas cíclicas han tambaleado nuestro mundo y la vida contenida en él desde hace millones de años y lo seguirán haciendo. Lo sabían los antiguos, así nos lo indican sus tradiciones y mitos, y ahora lo sabemos nosotros. Entendemos lo que puede pasarnos como civilización avanzada el día que la naturaleza se revele contra nosotros bajo cualquiera de sus manifestaciones apocalípticas. En nuestras manos está —como ya indiqué antes—evitar los peores efectos de tragedias tan dantescas como las sugeridas en estas páginas; incluso, en algunos casos determinados, como la caída de meteoritos, podemos evitarlo; de hecho, por primera vez en la historia tenemos la tecnología para intentarlo. Ese es el mejor legado que nos ha dejado aquella civilización fantasma a la que hace referencia Platón y otras tradiciones del planeta: la advertencia de que existen ciclos apocalípticos en nuestro mundo y la obligación que —como sociedad avanzada— tenemos de salvaguardar y transmitir la semilla de la civilización cuando esta se colapse y desaparezca.

Bibliografía

ALFORD, F. Alan. *Los dioses del nuevo milenio*. Martínez Roca 1997.

ARES, Nacho. Egipto. Edaf 2001.

ARSUAGA, Juan L. / MARTÍNEZ, Ignacio. *La especie elegida*. Ediciones Temas de Hoy 2000.

BAUVAL, Robert. *La Cámara Secreta*. Oberón 2001.

BERGIER, Jacques. *El libro de lo inexplicable*. Plaza & Janés 1972.

---. *Los extraterretres en la historia*. Plaza & Janés 1976.

BÜRGIN, Luc. *Enigmas Arqueológicos*. Timun Mas 2000.

CALLEJO, Jesús. Fiestas Sagradas. Edaf 1999.

COTTERELL M. Maurice. *The Supergods*. 1997.

CHARPENTIER, Louis. *Os gigantes e os mistérios das origens*. Círculo de Leitores. Lisboa 1974.

CHARROUX, Robert. *El enigma de los Andes*. Plaza & Janés 1974.

---. *Nuestros antepasados los extraterrestres*. Bruguera 1971.

CHATELAIN, Maurice. *En busca de nuestros antepasados cósmicos*. Martínez Roca 1983.

DÄNIKEN, Erich von. *La respuesta de los dioses*. Círculo de Lectores, 1977.

---. *Profeta del Pasado*. Martínez Roca, 1979.

FLORESCANO, Enrique. *El mito de Quetzalcóalt*. Fondo de cultura económica,1993.

GIRARD, Raphael. *Historia de las civilizaciones antiguas de América*. Tomo I. Ediciones Istmo 1976.

GUÉNON, René. *Os símbolos da ciência sagrada*. Pensamento 1962.

HANCOCK, Graham. *Las huellas de los dioses*. Ediciones B 1995.

KNIGHT C. & LOMAS, Robert. *Soñadores del Diluvio*. Oberón 1999.

KOLOSIMO, Peter. *Civilizaciones del silencio*. Plaza & Janés 1981.

LEROI, André. *Arte y grafismo en la Europa prehistórica*. Ediciones Istmo 1983.

LEWIN, Roger. *Evolución humana*. Salvat, 1993.

LÓPEZ ÁLVAREZ, José. *El Enigma de las Pirámides*. Kier, 1970.

MARTÍNEZ, Tomé. *El Secreto de Compostela. Claves del camino cósmico de Santiago*. Editorial América Ibérica, 2002.

---. *Galicia Secreta*. Corona Borealis, 2002.

NAPIER, Bill & CLUBE, Victor. *El Invierno Cósmico*. Alianza Editorial, 1995.

PICHON, Charles-Jean. *El Hombre y los Dioses*. Bruguera, 1973.

RENFREW, Colin. *El alba de la civilización*. Ediciones Istmo, 1973.

SAGAN, Carl. *La conexión cósmica*. Colección *Muy Interesante*, Barcelona, 1985.

STEIGER, Brad. *Mundos Anteriores al Nuestro*. Edaf, 1980.

STEMMAN, Roy. *Visitantes extraterrestres*. Noguer. Barcelona, 1976.

TARADE, Guy. *La pista de los extraterrestres*. Everest, 1987.

TEMPLE, Robert. *El misterio de Sirio*. Martínez Roca, 1982.

---. *El Sol de Cristal*. Oberón, 2000.

TOMAS, Andrew. *No somos los primeros*. Plaza & Janés, 1980.

VARIOS AUTORES. *O Confronto do Olhar*. Caminho, 1991.

VILLARRUBIA MAUSO, Pablo. *Mistérios do Brasil*. Mercuryo 1997.

WAISBARD, Simone. *Las pistas de Nazca*. Plaza & Janés, 1980.